本书由教育部基础科研业务费科研基金资助出版

U0454154

KUANGCHAN ZIYUAN

SHUIFEI GAIGE YANJIU

矿产资源
税费改革研究

丁志忠　孟　磊◎著

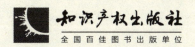

知识产权出版社

全国百佳图书出版单位

图书在版编目（CIP）数据

矿产资源税费改革研究/丁志忠，孟磊著.
—北京：知识产权出版社，2016.7
　ISBN 978 - 7 - 5130 - 3994 - 9

　Ⅰ.①矿… Ⅱ.①丁…②孟… Ⅲ.①矿产资源—税费—税制改革—研究—中国
Ⅳ.①F812.422

中国版本图书馆 CIP 数据核字（2016）第 000149 号

责任编辑：贺小霞　　　　　　　　　责任校对：董志英
封面设计：京华诚信　　　　　　　　责任出版：刘译文

矿产资源税费改革研究

丁志忠　孟　磊　著

出版发行：知识产权出版社有限责任公司	网　　址：http://www.ipph.cn
社　　址：北京市海淀区西外太平庄55号	邮　　编：100081
责编电话：010-82000860 转 8129	责编邮箱：hexiaoxia@cnipr.com
发行电话：010-82000860 转 8101/8102	发行传真：010-82005070/82000893
印　　刷：北京科信印刷有限公司	经　　销：各大网上书店、新华书店及相关专业书店
开　　本：720mm×1000mm　1/16	印　　张：12
版　　次：2016年7月第1版	印　　次：2016年7月第1次印刷
字　　数：180 千字	定　　价：48.00元
ISBN 978 -7 - 5130 - 3994 - 9	

序 言

本书是在中国地质大学（北京）地球科学与资源学院丁志忠教授主持的国土资源部委托项目"我国矿产资源分配制度改革研究"和孟磊主持的教育部青年教师预研基金项目"我国矿产资源税费的理论构建和改革路径研究"结题报告的基础上修改而成的。税费制度，尤其是矿产资源税费制度，是改革的重点，也是理论研究的热点和难点。说其是理论研究的热点，从中国知网的期刊论文和学位论文的数量，到国内相关的课题和专著的数量看，不仅数量惊人，而且经久不衰。说其是理论研究的难点，一是矿产资源税费制度的研究涉及经济学、地学、法学等多个学科，缺乏深厚地学背景的人很难搞清楚、说明白；二是现有的相关成果尽管汗牛充栋，但看后仍然感觉很多问题没有说清楚，特别是矿产资源有偿制度和地租理论的关系，具体制度的设计如何体现该理论，如何从地学、经济学、法学的角度进行交叉研究，是长期困扰研究者的一个问题。笔者曾多次试图让环境与资源保护法学的同学或者有地学背景的法学双学位的同学就其中某一问题继续研究，结果都是浅尝辄止、无功而返。

丁志忠教授主持的国土资源部委托项目"我国矿产资源分配制度改革研究"，该课题组成员还有中国地质大学（北京）人文经管学院的孟磊副教授、吴元元讲师、张国华副教授、中国地质图书馆的江学俭老师。丁志忠教授长期致力于矿产资源税费的研究，是国内著名的矿产资源经济领域的专家，也是国土资源部矿产资源法修改咨询专家。在他的主持下，课题组对该课题进行了深入的研究。课题完成后，丁志忠教授拖着病重的身躯，不厌其烦地进行修改、补充和完善。本课题涉及地学和资源经济学部分的内容，凝聚了丁志忠教授的大量心血。吴元元对经济学部分，张国华对矿山企业的增值税改革，江学俭对矿业权评估部分，提供了非常权威和专业的资料，孟磊负责法学部分和整个报告的撰写、修改。国土资源部的课题为本书提供了良好的基础，本书是集体智慧的结晶，更是丁志忠教授一生学术研究的心血之作。

本书深入研究了矿产资源税费的价值基础——地租理论，这是迄今为止国内对该问题的比较深入和系统的阐述。本书从历史的角度梳理了我国古代矿产资源税费的产生、发展，从国际比较的角度阐述了国外相关制度。在此基础上，本书对矿产资源税费具体制度的内涵进行了科学的概括，对我国矿产资源税费改革的路径进行了设计，深化了国内矿产资源税费理论构建问题的研究，对矿产资源税费改革的制度设计也进行了积极探索。希望本书的问世，能为我国矿业立法和矿产资源税费改革做出积极贡献。

非常感谢教育部青年教师预研基金项目给课题组提供了一个出版该成果的机会，非常感谢知识产权出版社贺小霞编辑对该书出版提供的支持和帮助。

该课题研究难度很大，由于时间仓促，加之水平有限，不妥之处在所难免。欢迎广大读者批评、指正！

目　录

第一章 矿产资源税费改革的理论选择

第一节 研究背景与理论分歧

一、研究背景

1986年3月19日我国《矿产资源法》正式公布，同年10月1日起开始施行。这部新中国成立以来的第一部矿业基本法从法律上明确规定了在我国实行矿产资源有偿开采制度，即开采矿产资源除必须缴纳1984年10月1日开征的"资源税"外，还需缴纳"资源补偿费"。在这"一税一费"的施行中，前者经历了1986年和1993年的两次重大调整和改革，后者自1994年起开征运行，它们的具体做法基本沿用至今。1996年8月29日，全国人大常务委员会通过了修改《中华人民共和国矿产资源法》的决定，并于1997年1月1日起施行，在这部矿产资源法的修改版中，重申了资源税和资源补偿费的原有规定，更进一步确立了"国家实行探矿权、采矿权有偿取得制度"。为了贯彻落实这一制度，国务院于1998年2月12日同时颁布实施有关矿产资源勘查区块登记和开采登记以及探矿权、采矿权转让三项管理办法的配套法规。其中分别增设了探矿权使用费与采矿权使用费、探矿权价款与采矿权价款这四项有偿形式。在此后的矿业现实运营中，它们也都先后在逐步扩大的范围内付诸实施。时至今日，这一费一税、两项使用费和两项价款共六种"有偿"名目，共同构成了我国现行的一整套矿产资源有偿使用制度。这套有偿制度的施行，结束了新中国成立以来所沿袭的矿产资源无偿使用格局，为减少或避免国有资源资产流失做出了积极的贡献。然而，由于有偿制度自身不够完善，是在探索中前进，同时又存在对有偿制度内涵认识上的分歧，再加上近几年受经济快速发展的带动，后备资源紧张，一些紧缺矿种供不应求，原来一向低迷的矿产品价格在国际市场影响下先是涨势迅猛，以致在利益驱动下违章开采严重，资源利用率低下，资源资产大量流失，矿管形势十分严峻。近些年以来，黑色金属矿产、有色金属矿产以及石油等国际市场价格又都大幅快速回落并直接殃及我国市场。在涨跌大起大落的形势下，作为维护矿产资源国家所有经济权益的现行有偿制度所存在的矛盾和缺陷也就凸显出来。为了保障国民经济和矿业的可持续发展，针对矿产资源开发中的秩序混乱状况，国务院于2004年决定在全国范围内整顿和规范矿产资源开发秩序。截至2007年年底这项工作业已取得了显著成效。2006年8月12日，国务院副总理曾培炎在全国整顿和规范矿产资源开发秩序工作会议上进一步提出，"建立适应市场规则的矿业开发运行机制和管理制度，完善矿产资源有偿使用制度"的要求。根据这一形势发展，在全面总结已有经验的基础上，完善和改革我国现行有偿使用制度，已是势在必行。这既是一项挑战，也是一项难得的机遇。通过这次矿业开发秩序的整顿和规范，我们正可对长期以来存在于这个领域的一些具有直接影响的歧见、一些部门分工的传统意识局限，以及难以撼动的既有利益格局等左右改革方向的决定性因素进行一番认真的分析、梳理和思考。从改革的指导思想上取得基本共识，进而在此基础上明确方向、协调关系，有重点、分步骤地对现行有偿制度的内涵和结构做出系统的改革设计。

二、理论分歧

我国矿产资源有偿使用制度虽然已运作多年，但对于这套制度中的各项组成部分，在其经济属性、计征标准、征收方式、税收的归属和分配等方面则是各家列说，歧见纷纭，至今也未形成共识，以致人们无法从理论上科学地、准确地回答在实行"有偿"制度中究竟"有偿"什么、向谁"有偿"、怎么"有偿"，以及"国际对比性怎样"等一系列根本性问题。当前出现的与这些问题有关的具有代表性的观点有：

1. 有观点认为，当人们出资购买了探矿权和采矿权之后，在出售生产的矿产品时还要缴纳矿产资源补偿费，这个补偿费就体现了所有权产权的价值。矿业权产权是由追加资本形成的财产权，而不是由自然资源本身形成的财产权，它的归属应当是"谁投资谁受益"。矿产资源价值是矿产资源自身的天然价值，它等于矿产资源经过勘查和开发之后出售的矿产品价值减去勘查、开采中所有成本和平均利税以及勘查风险所得级差收益之后所剩余的价值，这就是矿产资源所有权的价值量。矿产资源的"级差收益"如果无须经过勘查就明显存在应当属于矿产资源所有者的，如果经过勘查才发现应当属于出资者所有，是风险收益。❶

2. 有观点认为，由于矿产资源具有天然形成的价值，构成了资源性资产，所以矿产资源的有偿使用就是一种财产的交易；是矿产资源所有者将自己的财产让渡给矿产资源使用者，所有者失去了实物形态的矿产资源，取得了价值形态的补偿；使用者获得了实物形态矿产资源的使用权，将其消耗，产出矿产品，并为此付出相应的代价。❷

3. 有观点认为，国有地勘单位之所以能够转企，是有自己的"产品"——探矿权、采矿权，地勘单位使客观存在的地下矿产资源和国家货币资金转化为矿业权，将矿产资源资产转化的矿业权，再通过矿业权市场将矿业权进行流转获得收益。❸

4. 有观点认为，地勘成果的拥有人对地勘成果享有权利，这种权利属于一种民事权利，并且该民事权利的性质应是知识产权。以探矿权为主要标志的地质工作成果应属于知识成果，而不是物质产品，探矿权可视为凝聚着发现权和探明权，而对某矿产地的发现权相当于科技产品和工业品的发明权和专利权，地质队伍有了对矿产资源的初步发现，方可

---

❶ 李国平，张云.矿产资源的价值补偿模式及国际经验[J].资源科学，2005(9).

❷ 王希凯.矿产资源有偿使用及其实现方式研究[J].中国国土资源经济，2015(1).

❸ 邢新田.国有地勘单位与矿业权[J].资源产业，2003(6).

在其基础上进一步探明它，在探明中又有新的发现，形成有开采价值的探矿权，进而使矿产资源资产转化为有开采价值的采矿权资产。因此，在探矿权资产的剩余价值中凝聚着地质队伍的合法权益。❶

5. "采矿权实质是矿产资源产地占有权。不少同志把它与土地使用权相提并论，这是不正确的。由于土地是作为劳动资料进入生产过程的，所以不发生所有权的转移……由于矿产资源是作为劳动对象进入生产过程的，采矿生产过程中发生的产权变化——国有矿产资源不断变为采矿者所有的矿产品，这实际上是所有权的逐步转移……我国正在建立的矿产资源补偿制度就是反映这种所有权逐步转移的经济关系。这实际上是一种买卖关系……既然是买卖关系，当然在补偿费中应当首先包括对于资源消耗的补偿，即资源的'重置成本'，也即资源价值的转移，然后才是资源的收益……由此可见，一些同志简单套用马克思的地租理论，用'绝对地租''级差地租'这些概念来解释矿产资源有偿开采制度，是多么的不合适……资源开发级差收益大小和正负，直接的决定因素是资源条件好坏，对这一点勘查单位的活动有着重要作用。因此，尽管这种级差收益是由矿业企业在开发中最后实现的，但在国民收入初次分配中，却应当在勘查单位和矿业企业之间公平合理的分配。土地是生产资料，在生产中并不消耗土地，土地也不构成产品的实体……因此，用地租这一词是贴切的。而矿产资源……是矿山生产的劳动对象……是可耗竭的非再生资源，随着采矿作业的进行，资源逐渐被消耗并构成矿产品实体并将其自身价值逐步转移到矿产品的价值中，资源不是租而是开采权的转让……将矿产资源采矿权的转让比作地租是不恰当的。"❷

这些不同观点和主张反映出对现行有偿制度下矿产资源资产权益分配框架的认识，还提出了有关矿业权设置的新构想。虽然涉及面广，但也都与"有偿"制度密切关联，它们的共同特点是：

---

❶ 邢新田.国有地勘单位与矿业权[J].资源产业，2003(6).

❷ 张文驹.自然资源与有关无形资产的产权关系[J].中国地质经济，1993(8).

（1）认定矿产资源国家所有权的权益全由资源补偿费体现。只有未经勘查的矿产级差收益才归国家所有。对于《矿产资源法》载明纳入国家对矿产资源实行有偿开采的资源税则完全置之度外。

（2）矿业权产权属投资者所有，其价款应按"谁投资谁收益"原则分配。分配的实体是矿山的超额利润。

（3）为了突出矿产勘查工作特点和勘查单位在发现和探明矿产资源中的贡献，进一步提出了设置"地勘成果权"，并从探矿权中分离出来，其属性是知识产权。这意味着在探矿权之外，增设了一项新的产权和"有偿"的新对象。

（4）将非耗竭性的在农业生产过程中作为劳动资料的土地与耗竭性的在矿业生产中作为劳动对象的矿产资源相对比，否定经济学上的地租理论用于矿产资源的合理性。这一观点，在我们国家近十多年来矿产经济领域中，由于它与行政权力的结合，影响极大。可以说，以上所列的各类观点几乎都或多或少、有意无意地与这种摒弃地租理论作为建立"有偿使用制度"的指导理论的观点有关，是这种观点所导致的必然结果。

当我们探讨如何改革和完善我国矿产资源有偿使用制度时，首先要对这些无法回避的不同观点做出客观深入的分析，以求正确立论、澄清是非、理顺关系，取得基本共识，并在此基础上建立起科学合理的、能指导全局的我国矿产资源有偿使用制度的理论体系。否则，面对这些歧见我们将无法予以合理取舍，改革与完善的任务将无从下手。为此，我们认为唯一的前提就是大家一起狠下功夫，认真学习，充分探讨有关有偿问题的经济理论。应该看到，这一首选绝非是个人的好恶偏向，而是客观形势的迫切需要。只有走出这必不可少的一步，才能融入经济学理论主流，迈进"改革"和"完善"的征途。

第二节　地租理论的产生与发展

我们追溯理论经济学的发展历史，从古典经济学派、新古典经济学派到新古典经济学综合派的各具代表性的名家、经典专著，对于作为生产要素之一的土地（包括其他自然资源）的经济特性及其产权关系和价值、价格的形成问题，无不以"地租"为题，在其理论体系中列为一个独立的经济范畴予以论述。可以说，自有土地私有制出现，因而有奴隶制地租、封建制地租和资本主义地租，而地租作为经济学研究对象，主要是针对资本主义地租。

一、地租理论的产生

威廉·配第(Willian Petty，1623～1687)，英国古典政治经济学之创始人，也是最早提出地租理论的经济学家，他对地租理论做出了开拓性贡献。配第在其名著《赋税论》中首次提出地租是使用农地生产农作物的一种剩余或净报酬，即收获的产品扣除生产费用以后的剩余部分，以公式表示为：地租＝市场价格－生产成本。配第首先提出了地价可由土地获得的地租资本化后得出的观点，这一理论历经三百多年，在本质上未被动摇过。

关于级差地租，配第论述了其基本原理：由于土地肥沃程度、距市场的距离以及耕作技术水平的差异，而造成了地租的差异。❶马克思正是在此基础上提出了级差地租Ⅰ和级差地租Ⅱ的概念。

二、地租理论的发展

理查德·坎蒂隆(Richard Cantilon，1685～1734)也是一位英国古典经济学家，他认同配第关于地租是一种剩余的观点，但他对配第地租理论作了重要补充，正确地指出了应从中扣除租地农场主的利润，即地租是

---

❶　[英]威廉·配第.赋税论[M].北京：商务印书馆，1984:46.

剩余，是扣除利润的余额，用公式表示为：地租=市场价格-生产成本-利润。

关于地租量的决定问题，英国古典政治经济学的主要代表人物亚当·斯密(A.Smith，1723~1790)做了较多的研究。他认为地租是因使用土地而支付给地主的代价，其来源是农业工人的无偿劳动，是"一种垄断价格"。斯密不但认可了"地租=市场价格-生产成本-利润"这一基本公式，而且指出此处的利润，应当为农业资本的平均利润或普通利润。斯密肯定了绝对地租的存在，只是没有明确提出级差地租的概念，但已具有级差地租的思想。此外，斯密将地租的研究，从农业用地扩充到非农业用地，认为非农业用地所产生的价值，必须高于原先种植作物所产生的地租，才有这种转化的可能，他还将房租区分为建筑物租和地皮租。❶

杜尔哥(R.J.Turgot，1727~1781)，法国重农学派的代表人物，揭示了地租与土地所有权的关系。他在1766年出版的《关于财富的形成和分配的考查》一书中首次提出：土地所有者之所以能不劳而获占有"纯产品"(地租)，是由于他们拥有法律保护的土地所有权。

詹姆斯·安德森(James Aaderson，1739~1808)，英国经济学家。安德森认为：在不同生产条件下生产出来的农产品具有统一的市场价格，是地租形成的前提。他在1777年出版的《谷物法本质的研究：关于为苏格兰提出的新谷物法案》一书中，根据土地肥沃程度的不同，对地租的产生作了具体而明确的解释，创立了级差地租理论。马克思称之为"现代地租理论的真正创始人"❷。

大卫·李嘉图(David Ricard，1772~1823)，英国古典政治经济学的杰出代表和理论完成者。他在《政治经济学及赋税原理》序言中指出，在不同的社会阶段中，全部土地产品在地租、利润和工资的名义下分配

---

❶ [英]亚当·斯密.国民财富的性质和原因的研究：上卷[M].北京：商务印书馆，1981:138.

❷ 马克思恩格斯全集：第26卷Ⅰ[M].北京：人民出版社，1973:385.

给各个阶级的比例是极不相同的，这主要取决于土壤的实际肥力、资本积累、人口状况以及农业上运用技术、智巧和工具的程度。运用劳动价值理论为基础研究地租，对级差地租进行了深入的研究，在土地肥力和位置差异的基础上，建立了级差地租的初步体系，对级差地租理论做出了突出贡献。

关于级差地租的来源及形态问题。李嘉图认为，地租是为使用土地原有和不可摧毁的生产力而付给地主的那一部分土地产品，他说："地租总是由于使用两份等量资本和劳动而获得的产品之间的差额"。这就是说，运用等量资本和劳动耕种不同质量（主要指肥沃程度）、位置不同以及在同一土地上连续投资所得结果不同而产生的产品差额构成地租。另外，地租是在土地有限性和土地丰度、位置不同的条件下产生的。他写道："使用土地支付地租，只是因为土地的数量并非无限，质量也不是相同的。" ❶

在他看来，由于土地具有这些特性，所以农产品的价格是由最劣的生产条件下的必要劳动量决定的。同劣等地比较，中等地、优等地可以获得更多的农产品。因此，中等、优等地的产品价格除补偿生产成本和资本家的平均利润外，还有一个超额利润。由于农业资本家的竞争，这个超额利润就转化为级差地租，归地主占有了。随之，他对级差地租的两种形式进行了分析，进而得出了利润和地租对立的结论。他说，利润始终取决于工资，工资取决于劳动的供给和需求，主要受到粮食价格的支配。粮食价格则取决于使用在土地上的最后一笔资本的生产力，即取决于耕种劣等地所必需的生产成本。粮食价格高，工人的货币工资就提高，资本的利润相对下降，地主阶级所得地租则上升。他写道："在社会发展过程中，当次等肥力的土地投入耕种时，头等的土地马上就开始有地租，而地租额取决于这两份土地在质量上的差别"。"当三等地投入耕种时，二等土地马上就会有地租，并且也和前面一样，数额由生产力

---

❶ 李嘉图.政治经济学及赋税原理[M].北京：商务印书馆，1972:57.

的差异规定"。这里讲的是由于土地肥沃程度或位置不同而产生的级差地租Ⅰ的形态。然后又指出，"常常出现的情形是在第二、第四、第五等或更差的土地投入耕种以前，人们能使资本在已耕的土地上生产出更多的东西来。我们可能发现，把用在第一等土地上的原有资本增加一倍，产品虽然不会加倍或增加一百夸特，但却可能增加八十五夸特。这个数量超过了在第三等土地上使用同量资本所能获得的量。"❶ 这里讲的是级差地租的第二形态，即由于在同一块土地上追加资本、集约耕种而产生的。李嘉图的级差地租理论，至今仍是西方矿产经济学学者研究资源产权价值和矿业权价值评估实际运用的基本理论根据。

他把地租理论与劳动价值论"直接地、有意地"联系起来，从而第一次给地租理论提供了科学基础。他在劳动价值论的基础上具体说明了级差地租的形成，指出了在中等、优等地上取得的超额利润如何转化为地租，从而否认了魁奈、斯密等人所谓的地租是"纯粹自然的恩赐""使用土地的自然报酬"之类的错误观点，在一定程度上触及到了地租的实质。他从利润与工资的对立中引证出利润与地租的对立，从而揭露了资本主义社会工人、资本家、地主三大阶级之间的矛盾和对立，并认为地主是不劳而获的，地主阶级的利益不仅与资产阶级利益而且同全社会的利益都是对立的。❷

约翰·冯·屠能（J.H.Von Thünen，1783~1850），德国古典经济学家、区位论先驱。屠能在《孤立国对农业和国民经济之关系》（简称《孤立国》）一书中，认为除土地肥力是决定地租支付能力的要素外，区位也是决定地租的重要因素。他特别观察和分析到，假使土地沃度和劳动生产力均相同，邻近市中心的农作物生产者，比远离市中心的生产者，多享有一定的地租利益，其地租额度大致与两地距市场之交通成本的差额相等。因此，区位因素表现为运输成本的差异性。屠能所提出的

---

❶ 李嘉图.政治经济学及赋税原理[M].北京：商务印书馆，1972:57.
❷ 马克思恩格斯全集：第26卷Ⅱ[M].北京：人民出版社，1973:272.

区位地租弥补了李嘉图地租理论的不足，两者并称古典级差地租理论之"双璧"。

让·巴蒂斯特·萨伊(JeanBaptisteSean，1767～1832)，法国古典经济学派的代表人物。1803年他在著作《政治经济学概论》中指出"生产三要素论"应成为地租理论的基础，认为生产出来的产品是劳动、资本和土地共同发挥作用的结果。正如工资是对劳动服务的补偿和收入、利息是对资本服务的补偿和收入一样，地租是对土地服务的补偿和收入。他这一理论虽然是从效用价值论角度来论述价值创造的本源，但是对应于客观存在的生产三要素（劳动力、资本、土地）包含所有自然资源及其在分配领域的各自份额（工资、利润、利息及地租）的划分，则是各派经济学家们所共同接受的基本理念，时至今日生产要素已发展成四要素、五要素（加"信息"和"管理"等）的不同主张。因此，要素分配论成为历来在土地级差估价法中测定土地级差收益的基本依据之一。

卡尔·亨利希·马克思(Karl Heinrich Marx，1818～1883)，马克思主义的创始人，德国犹太人，政治家、哲学家、经济学家、革命理论家。马克思按照地租产生的原因和条件的不同，将地租分为三类：级差地租、绝对地租和垄断地租。前两类地租是资本主义地租的普遍形式，后一类地租仅是个别条件下产生的资本主义地租的特殊形式。

与土地等级相联系的地租形式就是级差地租，级差地租是指不同土地或同一土地上由于土地肥力、相对位置或开发程度不同而形成的差别地租。土地的有限性或稀缺性所引起的土地经营的垄断是级差地租形成的原因。土地等级差别及由此产生的级差地租理论，是阐明土地在各种相互替代的用途之间如何分配的理论基础，是认识土地经济价值差异的最有力工具。

马克思以科学的劳动价值论、平均利润理论和生产价格理论为基础，批判地吸收并发展了李嘉图等人的古典地租理论，创立了马克思主义的级差地租理论。

针对土地稀缺性反映到地租这一经济范畴，马克思以劳动价值论为基础，突破价值决定中必要劳动的根本含义，提出了必要劳动第二含义概念，从而在农业生产的必要劳动中引入了"需求"和"边际"这两项重要因素。

　　他还认为资本主义地租的实质是超额利润，在资源稀缺条件下，它决定于土地的丰度和位置。其大小等于处于有利条件的个别生产价格和整个生产部门的社会生产价格的差额。这种差额由于土地所有权的存在而转变为地租，由土地使用者交付给土地所有者。马克思把级差地租分为两种形式：级差地租Ⅰ和级差地租Ⅱ。级差地租Ⅰ是等量资本和等量劳动投在相等面积，但不同丰度和位置的土地上所产生的不同级差生产力带来的级差超额利润的转化形态。级差地租Ⅱ是指在同一块土地上连续追加投资，每次投入资本的生产率不同而产生的超额利润所转化的地租形态。由于土地租约的转变，级差地租Ⅱ可转化为级差地租Ⅰ。在这里，由于矿产开采是对矿产资源的耗竭过程。因此，当租约事先已定，在矿产开采的生产过程中任何追加投资都不可能带来级差地租Ⅱ，尽管矿山企业可以获得额外的级差收益。当采用年矿租的征收方式或在下一届的租约中时，才可能将这部分级差收益Ⅱ转变为级差矿租Ⅰ。❶

　　资本主义绝对地租论是马克思的独创，是指土地所有者凭借对土地所有权的垄断所取得的地租。马克思指出，土地所有权的垄断是绝对地租形成的根本原因，而农业资本有机构成低于工业资本有机构成则是绝对地租形成的条件。由于农业资本有机构成低，在土地所有权的垄断下，资本不能自由进入农业部门，这就使农产品按价值出售成为可能，在相同投资和相同剥削率的情况下，农业投资者可以榨取更多的剩余价值，从而使产品的个别价值高于其自身的生产价格，这部分更多的剩余价值，在农业投资者的竞争下，最终落入地主手中，形成绝对地租。❷

　　垄断地租是由产品的垄断价格带来的超额利润而转化成的地租。垄断地租的形成，除了土地私有权垄断这个前提外，还因某些土地具有的

---

❶　马克思恩格斯全集：第 25 卷[M].北京：人民出版社，1975:761-762.

❷　马克思.资本论：第 3 卷[M].北京：人民出版社，1975:851-853.

特殊的自然条件所引起。具有特殊自然条件的土地能够生产某些特别名贵而又非常稀缺的产品。这些商品的生产者凭借对这一商品的垄断经营，使这些产品的价格不仅大大超过其生产价格，而且也超过其价值，从而形成垄断价格，生产者便可获得垄断价格与生产价格之间的差额，即垄断利润。这部分利润经由承租土地者转交给土地所有者后，便形成垄断地租。垄断地租不是来自农业雇佣工人创造的剩余价值，而是来自社会其他部门工人创造的价值。❶

　　土地、矿产等自然资源同是重要的生产力要素，都是人类社会生存与发展的自然物质基础。在矿业方面，这种地租便称为"矿山地租"。按照地租理论，矿产资源的价值实际上是矿山的超额利润，矿产资源使用者需向矿产资源所有者付费，亦即缴纳矿租。

　　阿·马歇尔（AlfredMarshall，1842～1924），19世纪末20世纪初世界著名的经济学家，是英国"剑桥学派"的创始人。在其代表作《经济学原理》的第六篇"国民收入的分配"中指出国民收入是由各生产要素共同努力所创造出来的，在创造国民收入的过程中，各生产要素处于一种共同合作和彼此依赖的关系，国民收入在各生产要素之间按照边际需要进行分配，创造国民收入的生产要素包括四种，即劳动、土地、资本和组织，这四种生产要素的报酬分别是工资、地租、利息和利润。至于地租的来源，马歇尔认为，地租只受土地需求的影响。而农产品价格又必须保证边际土地投资也能获得利润。这样，受资源稀缺性、禀赋和位置差别制约，由土地边际生产力以及边际投资所决定的农产品总量中超过这个边际投资产量的余额就构成生产者剩余，这个生产者剩余就是地租。即地租就是边际以上土地的生产量超过边际土地生产量的余额。显然，这种剩余是在土地产品的社会需求不断扩大，而作为生产要素的土地的供给却又是固定的、弹性不足或弹性为零条件下，导致生产者获得生产成本（包括投资的平均利润）以外的收益。这部分额外收益被土

---

❶ 马克思恩格斯全集：第 25 卷[M].北京：人民出版社，1975:874.

地所有者垄断形成地租。马歇尔根据这一传统的地租原理，还进一步扩大到那些短期数量不变即暂时没有供给弹性的其他各种生产要素（如工厂、厂房、机器设备等固定资产）的报酬上。由此获得的额外收益其特点与地租相似，因而命名为"准地租"，并将"准地租"推及至各种有特殊天赋才能的人才的高收入部分。马歇尔用效用价值理论观点提出的地租观点在以后新古典主义综合学派的代表人物著名经济学家P.A.萨缪尔森的名著《经济学》得到进一步展开。

保罗·安东尼·萨缪尔森（P.A.Samullson，1915～2009），美国著名经济学家。萨缪尔森采用边际生产力理论来解释功能性收入分配，认为工资等于劳动的边际产品，地租等于土地的边际产品，利息等于资本的边际产品，"在所有的生产要素中，不多不少正好分配了全部产出"。地租是供给弹性不足的生产要素的纯经济收益，它是一种"剩余"。起源于土地生产力，是对土地生产能力的报酬。而地租量完全取决于土地需求者之间的竞争。竞争的结果，是使市场地租率的水平保持在土地总需求量与总供给量相等的均衡水平上。同时，他对实际收益进行了研究，他认为实际收益的来源有三种：一是资本收益，即供给资本所带来的收益；二是风险收益，即承担不确定性的报酬；三是垄断收益，即垄断权力所带来的收益。萨缪尔森还进一步将地租概念区分为"纯经济地租"与"租金"。对完全缺乏弹性的生产要素（典型的如用于农业的土地）的价格称"纯经济租金"。在一定时期内使用任何一种生产要素而支付的货币则称"租金"。

第三节　现代地租理论与矿产资源税费有偿制度的契合

现代地租理论认为，尽管土地的供给没有成本，但其在不同用途之间的配置却是有代价的。当某地块不只具有一种用途时，它的地租应由"经济地租＋机会成本"构成。机会成本等于该土地可用于另一个最佳用途时应得的纯收益。若该地块只适于农业种植一种用途，则其机会成本为零，地租等于经济地租。反之，如果该地块的现用途可得地租比原用途得到的少，则经济地租为零，地租等于机会成本。对于矿产资源而言，矿产品基本只有单一用途，或直接被使用或作为进一步加工的原料而使用，后者是主要的途径，因而矿租即是纯经济租。

可见，时至今日，关于地租理论不是淡化了，而是泛化了。其总的趋势是把租金定义为由于不同体制、权利和组织设置而获得的"超额利润"，这一定义是与传统地租理论相兼容的。我们必须在其发展中把握住贯穿其中的基本点来为我所用。

地租理论经历了数百年的演变，由最初配第认为地租是一种剩余，坎蒂隆指出应扣除农场主利润，斯密肯定绝对地租的存在并将地租研究扩展到非农业用地，到后来安德森创立了级差地租，李嘉图建立级差地租体系，最后由马克思汲取精华，创立了"在真正的采掘工业中起着更为重要作用"的绝对地租理论。经济学家们对地租理论观点的阐述，在一步步揭示地租的特性和实质的同时，也使我们不难发现农业地租与矿山地租的相似性，而他们也都在直接或间接地支持着地租理论在矿山地租中的应用。作为同样重要的生产力要素，在资源收益上与社会性上，土地与矿山有着很多相通性，矿山地租属于非农业地租，其产生的原因和地租类型与农业地租基本相同。在矿山地租中，资源禀赋、开采难易、离市场远近、交通状况起着重要作用，就像农业土地肥沃程度、区位因素、耕作技术水平的差异一样，也产生绝对地租与级差地租。某些稀有矿产还形成垄断地租。

不难看出，在经济学理论研究领域，运用地租理论指导矿产资源有偿使用制度的分析、研究和设计是具有科学性并被主流理论界所广泛支持的。而在实践中将地租理论应用于矿产资源税费体系的具体操作显然是历史必然和客观需要。除此之外，我们别无选择。

综观地租理论的历史发展，在那些学术观点具有代表性的各派经典论著中，我们可以搁置关于地租创造、来源的劳动价值论和效用价值论的对立分歧，只总结归纳各派理论对"地租"这一重要经济范畴所提出的基本概念、主要特征及其来源与分配等方面的共识来评析前边所列举的地质、矿业界经济与管理专家们对矿产资源有偿使用问题的见解与观点。借以澄清一些误解和误导，同时也为改革完善我国矿产资源有偿制度，寻求合理、科学的理论依据。

1. 关于"地租"的实质。马克思在《资本论》Ⅲ中作如下表述，基本上概括了各家之说的共同的或趋近的含义。农业资本家为了取得在这个特殊生产部门使用资本的权利，要对他所利用的土地的所有者——地主，按一定时间，例如每年，支付一个已经由契约规定的货币额（像货币资本的借者要支付一个定额的利息一样）。这个货币额不管是为耕地支付，还是建筑地基、矿山、渔场、森林等支付，都称为地租。因此，在这里地租不过是土地所有权在经济上实现自己、增值自己的形式……

可见，对土地这类稀缺资源的所有权的垄断是地租产生的根本原因。地租反映了土地在所有权与使用权相分离的前提下的一种特有的产权关系，是土地所有权经济实现的一种特有形式。正因如此，马克思曾针对性地指出地租是由"社会关系生出"，而不是由"土地生出"，即地租来自社会，而不是来自土地。

落实土地所有权经济实现的地租量决定或地租来源，是反映"地租"实质的另一方面，是从量上、从要素分配上衡定土地经济权益的基础。马克思从劳动价值论的观点出发，指出"一切地租都是剩余价值，都是剩余劳动的产物"。并对《资本论》第3卷专门论述资本主义地租问题的篇章以"由剩余利润到地租的转化"为篇名，明确地指出地租的来源。而"剩余利润"则是"以地租为名的租金中所包含的金额实际上是租地农业资本家的平均利润或雇佣劳动者工资的扣除额……"。由此可见，所谓剩余利润正是我们通常所称的"超额利润"。阿弗里德·马歇尔从边际效用论出发，认为地租只受土地需求的影响，它是土地这个生产要素的报酬，其大小由土地的边际生产力决定。边际投资是农场主投资的界限，正是这个边际投资的纯产品决定着地租量。总产量中超过这个边际投资产量的余额，就构成生产者剩余，这个生产者剩余就构成地租。因此，地租就是边际以上土地的生产量超过边际土地生产量的余额。可见，对地租来源或地租决定的两种不同价值论的表述都共同认定它是一种剩余，从供给者角度考察，这个"剩余"实质就表现为农业投资人因使用土地所取得、并最终缴付给土地所有者地主的"剩余利润"，即"超额利润"。地租的基本特征及其来源所反映的产权关系和分配关系，不仅限于土地，还普适于包括矿产资源在内的其他自然资源。马歇尔认为，土地是一种特定的资本，凡是不依靠劳动而变得有用的物质都归入土地类。马克思在《马克思恩格斯全集》第25卷中明确提出，真正的矿山地租的决定方法和农业地租是完全一样的。长期以来，国内一些矿产经济与管理专家认为土地可永续使用，矿产资源则是耗竭性资源。在矿业生产过程中，前者是劳动条件，后者是劳动对象，因而后者与"租"的概念不符，进而否定地租理论对矿产资源有偿使用的适用性，对比以上对"地租"实质的经典表述，应该认为这种说法纯粹是从辞义学而不是从经济学的角度来评判地租和矿租的经济属性的，以致形成误解和误导。其实，关于土地与矿藏在使用上的差别，早在一百多年前，阿·马歇尔就曾在《经济学原理》中指出，田地的生产物是土地以外的东西。因为田地如果得到适当耕作，仍然保持其肥力，而矿山的产物却是矿山本身的一部分……矿藏一旦开采完，它就不能再有产物了。这种区别还可用这样一个事实来说明：矿山的地租与田地的地租是按不同的原理来计算的。佃农在契约上可以订明归还与原来同样肥沃的土地，但矿山公司则不能这样做；佃农的地租是按年来计算的，而矿山的地租主要是由"租用费"构成的，这种租用费是按照从大自然的蕴藏中所取出的物品的比例征收的。关于地租和矿租的计量方法我们曾通过两个定量模型来予以反映：

（1）矿租的产生以矿产资源的耗竭为前提，因而矿产资源资产产权折成购买价格（租用费），即以矿山寿命期内的年矿租的现值累计为依据：

$$R_C = R_A(P/A \times i \times n) = \sum_{x \to n} R_A \times \frac{(1+i)^x - 1}{i(1+i)^x}$$

式中：R_C——总矿租，n——矿山寿命，i——矿业投资的资本平均利润率，x——总矿山寿命期内的某年序。

这就是现今计算矿产资源资产价值或矿业权中采矿权价值的世界通用的模型。

（2）土地所提供的地租的购买价格是按普通利率反映平均利润率来计算的。马克思在《资本论》第3卷中指出，在买者看来地租不过表现为他购买土地获得地租要求权所已用去资本的利息。据此，设资本利息（当作地租）为R_{I}，购买地租权的资本为P_{I}，i为平均利率，则利息（当用地租）即$R_{\text{I}}=P_{\text{I}}x_{\text{i}}$。若直接按年地租（$R_{\text{A}}$）的累计现值（$\Sigma R_{\text{IP}}$）计算，则：

$$R_{\text{IP}} = R_{\text{A}}(P/A \times i \times n) = \sum_{x \to n} R_{\text{A}} \times \frac{(1+i)^x = 1}{i(1+i)^x}$$

因租用土地并不消耗土地，土地可永续使用，故式中$n \to \infty$，则

$$R_{\text{IP}} = \sum_{x \to n \to \infty} R_{\text{A}} \times \frac{(1+i)^\infty - 1}{i(1+i)^\infty} = R_{\text{A/i}}$$

所谓"土地价格是资本化的地租"正由此式表述出来。

由此可见，地租、矿租因土地与矿藏在使用上的差异所引起的计量方法上的差异，并不改变它们在产权关系和分配关系上的共同属性。因此，它们理所当然都应共同依地租理论来说明。在此，我们不得不对"不适用"论使用同样的评语，即他们的理论是"多么的不妥当"。现在我们面临矿法第二次修订的时机，该是彻底澄清、纠正这种"不妥当"观点的时候了。

2．在"由剩余利润到地租的转化"这一命题下，马克思展开了对地租理论的阐述，关于"地租"经济范畴所包含的产权关系与分配关系已如前述。在地租决定（来源）问题上，马克思在劳动价值理论和生产价格理论中指出剩余利润也即矿山超额利润的产生是由于土地或矿产资源的稀缺性以及占有的垄断，而由农（矿）产品市场价值（MW）决定于劣等条件下的个别价值高于个别费用价格(个别生产价格)(KP)所产生。其中包括两个主要部分，其一是，在一定的社会生产力发展的历史

阶段，农业与矿业的资本有机构成长期低于平均资本有机构成所引起的矿产品个别价值（IW），高于它自己的个别费用价格（KP）的余额即为绝对收益。其二是，由土地或矿藏的丰度或禀赋与位置差别所形成的不同等级条件下，按劣等条件下的个别价值所决定的一般（社会）价值（亦即市场价值或社会生产价格）与较优条件下的个别价值的差额即为级差收益。当土地或矿藏被所有者垄断时，则绝对收益转化为绝对地（矿）租（R_A），即 R_A=IW-KP。级差收益转化为级差地租（或矿租）（RD），即 RD=MW-IW。而土地或矿山超额利润总额即转化为土地或矿藏总地（矿）租（RT），即 RT=RD+R_A=MW-IW+IW-KP=MW-KP。这正是土地或矿产资源资产价格的主体部分。

土地，矿藏的所有权垄断和绝对地（矿）租促使农产品、矿产品价格成为垄断价格。但这个垄断价格不同于一般市场垄断价格，它等于以上所列的劣等条件下的农产品、矿产品价值，并刚刚超过它的生产价格。因此，在总地租或总矿租中，绝对地租或绝对矿租所占比例不大，因为它不能任意远离价值，恰恰是级差地租或级差矿租才是构成总地租或总矿租的主要部分，也是占总地（矿）租量比例最大的部分。理所当然也应是实施有偿制度的重点征收对象。

关于地（矿）租决定，阿·马歇尔从边际效用价值论出发指出：由于土地和矿藏的稀缺性，其供给价格弹性刚性（供给弹性为零），因而，地租量完全取决土地需求者之间的竞争。当然需求也不是漫无限制，它更受土地边际生产力和边际效益产量的制约，这就造成了抵消供给价格以外的剩余——超额利润，这份剩余反映了"价格决定地租"的论断。可见在各家之说中，"剩余"决定地（矿）租乃是一致共识。

必须指出：以马克思所论证的地租主要是级差地租Ⅰ，但是客观存在着在同一地块上各个连续投资的劳动生产率的差别所引起的超额利润，随着租地农场主之间的竞争，以及土地租约的变化，便转化为级差地租，是为级差地租Ⅱ，并仍归土地所有者占有。矿产资源资产由于追加投资，新技术的运用同样也可在同一矿块获得更高回收率或增加回收品种。这种效果有人认为就是级差矿租Ⅱ存在和转化的物质基础，但是倘细致分析，便知追加投资的使用虽可提高资源回收率、扩大回收品种，却丝毫未改变（增加或减少）矿藏自身的禀赋，这就与追加投资可提高土地自身本不具备的肥力（土地的边际生产力）有着本质的差别。因此，它们只能列入"投资效果"或"资本效率"范畴，并随着矿产资源的耗竭而消失。这样，由追加投资所形成的矿山超额利润从理论上讲，不应成为矿租征收对象，而应归投资人所有。如果从相反角度考虑，矿山追加投资提高了资源回收率并扩大了回收品种，虽不改变资源原有禀赋，却实实在在地从资源本身获得额外产品。因而应纳入级差矿租 Ⅱ 范畴，从而资源所有者不能不介入参与分配，这不同观点直接关系到矿山超额利润的合理分配问题。若按前一观点处置，则难免一部分国有资产的流失；若按后一观点处置，则挫伤了矿业投资人投资于充分利用资源的主动积极性，不利于矿业发展。因此，我们主张采取"合理分享"的原则来处置这一份矿山超额利润。由于矿业生产是通过对矿产资源的耗减（或耗竭）来实现的，当采用一次性租约形式，尤其是一次或短期内分期征收的办法收取矿租时，则这部分超额利润根本无法征收，只有采用"资源租金权利金"的按年计征年矿租的办法，才能真正体现"合理分享"的原则。

综观以上的评析，我们可以看到从地租理论有关地租决定所引申出的矿山剩余利润表现为绝对矿租、级差矿租的本源。对比那种认为"资源补偿费"已体现了矿产资源所有者的权益，其他部分则按"谁投资，谁受益"的原则进行分配，这种笼统地将适用于一般投资项目的原则应用于矿业有偿制度的权益分配中，一方面，是以偏概全，"捡了芝麻，丢了西瓜"；另一方面，却又支持了投资者对矿租，也即对矿产资源国家所有者应得权益的侵夺。

3. 矿产勘查与矿产开采是组成整个矿业生产过程的两个紧密联系、不可或缺，并一般呈先后顺序的基本要素。隐蔽的矿藏通常必须经过勘查工作方法被找到，并经查明、探明才可成为矿山采掘对象。而地下矿藏则又必须经过采掘使之脱离自然状态，成为矿产品才能为人所用，才具有使用价值或效用价值。矿业生产过程这一基本特点，从经济学角度看，矿产勘查工作只是对地下矿藏的存在及其赋存状态、禀赋和开发利用可行性所进行的一项调查研究和评价，并未改变矿藏的自然存在，使之具有现实的使用价值和市场交易价值，但它却从无到有的为矿业提供了矿产资源物质实体。矿产采掘则在其生产过程中将自在的矿藏物资实体转变为可被社会实际利用的矿产品。这一过程，耗减了或耗竭了矿产资源，却通过矿产品这一产出获得矿山利润（平均利润和剩余利润），最终完成矿业的再生产过程。在这矿业再生产过程中，从需求和供给的视角考察，出自社会对矿产品的使用价值或效用的实实在在的需求，才产生对矿产资源的需求，才进一步产生对矿产资源勘查的需求。可见，矿产勘查虽在矿业运营中处于先行的地位，却不能直接满足社会对矿业最终产品的需求。在矿业的再生产过程中，矿产勘查作为先行步骤只是进行了前期阶段的资源准备工作，因此，它的补偿基本上属于矿业生产全过程中的成本费用补偿。但由于它的先行作用，在资源物质补偿的实现和矿产勘查巨大的风险以及在资源稀缺、社会需求日愈增大的矛盾中扩大矿业再生产的实际需要的总趋势下，为了保障和扩大矿产资源的供给，这种补偿往往以鼓励性的多种优惠形式予以实现。为此，在勘查投资以矿业公司为主体的体制下，许多矿业大国对勘查费用往往采取累积一次性报销。美国最早建立的"耗竭贴补制度"（Depletion Allowance）都以勘查成本费用为主体进行补偿或贴补优惠，即在探矿权的交易中对探矿权的价值评估。从带有规范性的澳大利亚VALMIN规章中所推荐的多种评估方法也基本都以成本法为主体，除去"比较销售法"以外，其他方法如"勘查费用倍数法""地学排序法"等皆以勘查成本为基础，根据勘查工作成果所显示的资源开发远景而给予大幅度的溢价或贬价，甚至广泛应用于海洋石油勘查中"联合风险勘查协议"评估法。在估算逐步从总权益中切分一定比例权益后的未分权益的价值时，也以一定期间内一定量的勘查支出为计算的基本要素。至于勘查后期，业已获得矿产工业储量，此时发生的矿业权转让，必然是按矿产开发（采矿）投资的效益来定价，这已远远超出勘查成本的补偿了。通过国外的这些具体做法我们可以看到，勘查投入补偿与资源耗减（耗竭）是按两个不同途径以不同形式予以实现的。在概念上界限分明，绝不混淆。

　　但在国内，由于认识上的原因和体制上的原因，以及历史遗留下的既成格局就不可避免地出现了在"矿业权"总名称之下，设立了"探矿权""采矿权"两个独立的财产权，以区分于采用矿业法的国家或地区，将探矿权与采矿权统归于"矿业权"这个统一的财产权之内。财产权的各自独立必然导致各为自己的财产权去争利，于是有人提出探矿权与采矿权离得越远越好。曾经有个时期有人提出所谓"零产业"的观点，将地勘业独立于传统的属于第一产业的矿业之外，同时又避开了当时业已在国家产业分类中划归第三产业的现实。有人提出在"资源补偿费"已体现资源所有权的前提下，按"谁投资，谁受益"的分配原则占有矿山剩下的利润等主张。这些意识反映在现行矿业权评估准则和评估方法的行业规范中是将受益途径的评估方法可同时适用于详查及样本以上勘查阶段的探矿权和拟建、在建、改扩建矿山的采矿权的价值评估，这些混淆两类不同价值构成的思路和做法的基本出发点是充分肯定勘查工作在矿业活动中的地位、作用和巨大贡献，为原体制留下的庞大的勘查队伍的生存、发展寻求出路，其用心是可以理解的，但其后果和合理性确实值得认真对待，应在充分讨论、取得共识的基础上从体制上做出妥善的安排与调整。其共同的依据无疑是科学的地租理论以及产业经济理论。

　　总之，在我们进行矿产资源有偿制度的调整与改革时，以地租理论的以上三项基本点为指导，将不致迷失方向，并可保证我国矿业健康地走向市场，在经济全球化的潮流中更好地与国际惯例融合。

第四节　矿产资源有偿使用制度的理论选择

　　与矿产资源有偿使用制度直接有关的经济理论主要有价值理论、产权理论和分配理论，而地租理论恰恰集中反映了这三方面理论的要义。基于劳动价值论的地租理论，在西方古典主义经济学中，自亚当·斯密至李嘉图业已形成了完整的体系，这些基础理论在西方的矿业经济领域内一直沿用至今。马克思批判继承和发展了斯密和李嘉图的理论，进一步为地租理论奠定了科学基础。新中国成立以来，马克思的地租理论从来就是指导我国土地产权政策和收益分配的主流理论。马克思主义地租理论认为地租产生的原因是由于土地产权的垄断，地租的来源则是农业生产、经营中的超额利润。《资本论》第3卷马克思对集中论述地租问题的篇章即以"由剩余利润到地租的转化"为标题而展开，此处的"剩余利润"也就是按分配理论中以土地为代表的（包含各类自然资源）用作生产要素的初始分配份额——扣除工资与资本的平均利润后的余额，也就是农业经营中的超额利润。可见地租（包括同属自然资源的矿产资源）的特质即是在土地所有权垄断下由土地所有者——地主对土地使用者在农业经营中所获超额利润的一种征收，并借此而完成的所有权的经济实现。正是由于这种立足于财产关系特质的共同性，马克思才将投资于建筑地产、矿山、渔场、森林等的经营者对物主（所有者）的支付统称为地租。对矿产而言，则称"矿山地租"。在我国矿法中，宣称矿产资源国家所有权不因其附属的土地所有权而改变的矿产资源与土地所有权相分离的法权规定下，"矿山地租"应可简称为"矿租"。

根据马克思地租理论，矿产资源资产的开发补偿从本质上看不外乎两项：一是，矿产资源勘查投入。它以发现矿床、探明矿产工业储量、为矿山开发提供资源基础为目的，是矿业再生产和扩大再生产过程中实现矿产资源物质补偿的必由途径。矿产勘查投入类似"土地资本"构成了矿产资源资产的真实价值。对这一部分的价值补偿，在国外的一些主要矿产资源大国的通行做法中，或者在开发前的矿业权流转中，通过评估，通常以勘查成本耗费为基础，附加对勘查风险的抵偿和激励，以及由勘查工作所获得的有关各项成矿远景显示的溢价，来核计对投资者的补偿。或者通过耗竭补偿（Depletion Allowance）形式在矿产开采过程中按所消耗的储量，逐步给予投资者——矿山企业以优惠性的补偿。二是，矿产资源自身"价值"的补偿。这项自身"价值"实质上就是矿权转让中的矿租价格，它由矿山绝对收益和级差收益构成的矿山剩余利润，也即矿山超额利润来体现，并以绝对矿租和级差矿租的形式向资源产权所有者实行补偿。

　　矿山绝对收益和级差收益之所以存在，主要由于矿产资源的稀缺性、耗竭性以及市场供给的缺乏弹性，导致相对劣等条件下（由资源所处地理位置和它的本身丰度、禀性差异所决定）的矿产资源也必须被利用。因此，矿产品的价值价格将由社会必要劳动第二含义，也即由社会需求和支付能力来决定。显然，在这必要劳动第二含义中已经引入了"需求"和"边际"两项重要概念。这种基于客观事实的，明确用于地租理论，反映"生产费用对效用关系"的价值价格理论观点，是与新古典主义经济学中的均衡价格论的最终结论相趋近的。正因如此，出于地租理论的绝对地租、级差地租概念才能在我国社会主义市场条件下被多数研究者所接受。这也是我们一贯主张的以马克思地租理论作为主导理论来改革，完善我为现行的矿产资源有偿使用制度的理由之一。

　　矿产资源所有者凭借产权收取矿租是古今中外的通行法则。我国当前关于矿产资源资产产权的法律规定舍弃了世界各国在历史上早期所出现过的从属于土地所有权体系，兼容了国家专有和矿业权体系的部分精髓。在《宪法》和《矿产资源法》上都明确规定了"矿产资源属于国家所有"。由国务院行使国家对矿产资源的所有权，地表或者地下的矿产资源的国家所有权，不因其所依附的土地的所有权或者使用权的不同而改变。这一产权的最终归属与1962年及1974年联合国大会先后宣示的关于每个国家对其本国自然资源拥有"永久主权"的原则精神完全吻合。根据部门分工，国务院行使国家对矿产资源的所有权应是通过所属矿产资源主管部门来执行。除非有特别授权，任何地方政府都无权征收。为了照顾矿产属地利益，可以通过有针对性的协议分成予以协调。对于具体征收对象的矿山企业，可以根据其资源条件和企业经营条件、财务状况的变化而实施多种优惠措施。诸如减免征收、设立资本减让、亏损后移条款等在国外许多矿业强势国家多年来所实行的符合矿业特点、且行之有效值得借鉴的做法。这样，在我们矿产资源所有权经济实现的同时配套实施形式多样的优惠。既有所"取"又有所"舍"。在我们的矿产资源有偿使用制度改革中，将"索取"与"给予"联系在一起，两相结合，必将大大地促进我国矿业的发展，这比起简单地提出向地方"倾斜"，或是只盯着税率、费率的提高或降低，将更切合矿业经营需要，更可产生实效。

第二章　国外矿业税费的典型制度

第一节　权利金(Royalty)

一、采用国家

我国对此最早的译名为"矿区使（租）用费"，美国称"权利金"，各州有称"采掘税"或金属"矿产税"，印度各个邦政府有称"矿权税"，巴西1988年宪法（第20条第一段）则称之为"财政补偿"（联邦），墨西哥称"生产税"，印度尼西亚称"生产权利金"，菲律宾称"采矿税"。除上述国家外，澳大利亚、加拿大、法国、英国、德国等不少于50个国家采用权利金制度。

二、权利金类型与计征方法

1. 单位产量计征的权利金 —— 从量权利金

按开采或加工的矿产品的数量与规定的费率（元/吨）标准计征的从量权利金一般适用于低价值大宗产品。这类矿产品，作为矿石采出前在整个矿体内质量相对均匀一致，矿石与脉石、围岩，界限清晰，矿石便于装、运、称重。矿产品价格较为稳定。

2. 单位矿产品价值计征的权利金——从价权利金

按以矿产品价值额为税基与规定的百分比计征的从价权利金可对矿产品产量和销售量之间的任何情况征收。可能的计征税基有五类：①矿体开采前估计的所含矿产的价值；②矿石开采时估计的所含矿产的价值；③矿产品的实现价值，[不作扣减的毛价值或允许某些专门扣减的净价值，如"净离岸价（FOB）"权利金]；④矿产品的开采或销售净利润，用于高价值的精炼产品如金的净熔炼收益（NSR）权利金；⑤矿山超额利润或矿租价值（租金）。

根据矿体开采前或矿石开采时按估计的所含矿产价值为税基计征权利金，一般是以矿山服务年限内定期的化验结果为基础进行估计（如阿根廷现在所用的方法）或从采集的矿石级大样化验结果所算得的矿产储量进行估计（如俄罗斯所采用的方法）。尽管从政府角度考虑采用估计方法，可确保其在矿产开采中得到公平的补偿并且便于操作，但估计方法具有明显的重大缺陷。这是因为样品的代表性、化验的准确性、矿石有害成分的负值影响以及矿石回收中的地质和采、选、冶风险等都将直接影响估计值的可靠性和合理性，从而导致矿山企业(采矿权人)承担不该承担的风险而蒙受损失，有失公平。因此，按实际的实现价值计算的权利金制度才是较好的方式。倘矿产品是在港口交货，则采用以离岸价（FOB）扣减到港运输成本作为税基的"净离岸价权利金"。

对于高价值矿产如金等贵金属矿产或Al、Pb、Zn等有色金属矿产一般采用净利润权利中的"净熔炼收益权利金"，其税基是按会计准则规定从精炼厂的毛收入中扣除矿产采、选、冶各环节的成本以及熔炼罚款后的净回收价值。这一权利金制度可鼓励资源的充分利用，避免采富弃贫或矿山提前关闭。至于以矿山超额利润或矿租为税基的资源租金权利金则是以现金流为基础，从矿山年销售收入（现金流入）中扣除通过通货膨胀率调整后的矿产勘查支出、矿山的建设资金成本和经营成本的年净经济收益，用一基准收益率（Hurdle Rate，由政府长期债券利率与矿业风险利率共同构成）进行折现后的累计净现值来表征，这种征收办法在海洋石油工业中得到越来越普遍的运用。其他矿产，目前还应用较少。但在澳大利亚和巴布亚新几内亚，这种办法都已取得成功经验，因此值得进一步探讨和借鉴。

三、权利金的经济性及其利与弊

权利金显然属于矿产资源的经济地租，无论矿产资源的优劣、矿山企业是否营利，都必须向矿产资源所有人交纳的一种因使用（开采、耗减、耗竭）矿产资源而进行补偿的费用，因此权利金在性质上应定性为绝对矿租。

权利金的有利之处：一是权利金的征收合法、简单、透明，易于管理。二是不管生产矿山处于早期无利、低利阶段、返本阶段或是后期阶段，只要开采矿产都可保证政府有相应的稳定收入。

权利金的不足之处：一是权利金的收取多数按矿山企业产量从量计征，即使从价计征也都与矿山盈亏无关，但却直接影响矿山成本，所以是一项典型的非中性征收。二是较高的权利金费率可导致矿山边际品位提高，可采储量规模减小或采富弃贫、改变矿山生产规划，从而扭曲经营决策。正如丁·奥托教授所指出的，对于从量权利金而言，由于权利金的现值会随着时间的推移不断降低，致使采矿公司……普遍采取的做法是增加后期产量，而减少前期产量以降低公司所支付税款的现值，从而有效增地增加贴现利润，如果预计贴现价格将上涨……在权利金征收基础不变的前提下，公司愿意在贴现利润最高的阶段开采品位最高的矿床，从而影响开采先后顺序。对从价权利金而言，由于计征额在很大程度上取决于对价格的预期……这种税在矿产品价格高的年度相应提高，致使公司在价格高的年度减少开采量……如果预期矿产品实际价格将下降，公司就会推迟生产；反之，如果预期价格今后将上涨，公司就会增加现在的矿石开采量。这种趋向，当矿床处于边际经营的条件下，影响更大。

因此，自20世纪80年代末90年代初以来，在矿业税制中出现了弱化权利金的趋势，一些国家则完全取消了矿产权利金。如智利、墨西哥、秘鲁、南非、瑞典、津巴布韦、加拿大（安大略省）、美国（联邦）等，代之以利润为基础的矿业税收制度。可见，设置以体现所有权最低限度经济实现、保证一定的稳定财政收入的最低权利金制度是合理的，但不能过高、更不应过分依赖权利金来实现所有者权益，以避免突出其负面影响。

第二节　红利(Bonus)

一、红利的含义、特点和本质

1. 红利的含义

红利的一般含义是针对股权所进行的按期分红，但也有泛指投资人或产权拥有者对企业产量或利润按一定比例进行的一种分配形式。在矿业产业中，则是依据对具体矿山拥有一定资源资产产权，而在一定时期内按矿产开发投资人因使用矿产资源获利而进行的所有权人与使用权人之间的利润分配，是从本质上体现矿租的一项收取形式。因此，红利从表面看似很复杂，其实它只不过反映了矿产资源产权权益实现方式的多样性而已。

红利制度在美国对"可租让矿产"较为常用，主要用于油气、煤炭、磷酸盐矿产等在市场上具有竞争性的矿产，其矿权一般由政府以招标方式出让。根据奥托对附加权益的解释，投标者中标购得采矿租约（采矿权）所付给矿产所有权人的资费必须资本化，倘若矿产所有权人因授予采矿租约（采矿权）而收取了现金或保留了权益及接收了权利金，则矿产所有权人必须将现金作为租约红利处理，相当于一般性收入。

2. 红利的特点

红利具有如下特点：

（1）采用范围。主要针对那些具有一定竞争性的已知矿床或前景较明朗被列入"可租让矿产"的未知矿产地。

（2）征收方式。通常以招标拍卖方式出让矿业权，按年度分配、一次性征收或按协议分期缴纳超出法律规定的权利金的标金部分。

（3）所占比重。和矿业的景气周期有关，景气期间数额较多，萧条期间数额较少。在美国联邦和印第安矿业税收中，红利约占8%，比重不大。

3. 红利的本质

"红利"实质上乃是矿产资源资产价格的一种独特的补偿形式，是通过附带权益的形式表现出来的权利金的一项额外的或提前的支付。

红利是除权利金之外矿产资源有偿使用制度的重要补充形式。红利的经济性是矿山部分级差收益加上招标、拍卖中由竞价形成的溢价。

二、典型国家

在两次石油危机期间，现金红利标金成为美国政府的一项重要收入来源。20世纪80年代当美国每年权利金收入约40亿美元时，其红利收入也在5亿~10亿美元。由现金转为签约红利，包括公司与政府签勘探与开采合同（协议）时缴纳的"签约费"、投标时的签约定金——"投标费"，以及发现商业性油气时支付的"见油费"和生产达到某一固定水平或某产量水平时按商定的或额定的数额支付的"高产费"等，如危地马拉红利的金额是由国家立法规定，印度尼西亚和苏丹则是国家在签订租约时与公司谈判决定。在印度尼西亚，签约红利支付范围在150万~700万美元，一般都在100万~300万美元。而采用增产红利的做法如挪威的有关规定：原油产量达25万桶/日时付450万美元，达40万桶/日时付900万美元。马来西亚规定：产量达10万桶/日时付100万美元，达20万桶/日时付300万美元。埃及规定：产量达10万桶/日时付200万美元，15万桶/日时付300万美元。巴布亚新几内亚政府规定：政府对外国石油公司投资的区块保留有22.5%的参股权，作为干股，政府将从每年产量中分得的红利——22.5%份额油的销售收入中支付外国公司为其垫付的22.5%的

投资。❶

澳大利亚新南威尔士州新矿业法规定：州矿产资源部可通过招标拍卖方式出让矿业权。竞标可有三种方式体现红利：一是向州政府支付现金标金（现金红利）；二是向州政府交付超出已有法定比率的权利金；三是按竞标人与政府签订的采矿租约将前两种方式结合使用。（定金红利）在美国，对"可租让矿产"可以通过招标形式授让矿权，一般由土地局主持招标。中标的法人或个人可获竞争性矿地的租让。此时，中标人要立即向土地局交付1/5的标金。在土地局办理了标书手续，矿业公司或个人取得租约文书时（一般在2~4个月内）再将其余的4/5标金一次交清。

第三节　矿地租金(Mineral Rent)

一、矿地租金的含义

专对成矿地带、含矿区块开展地质勘查工作或矿产开发活动必须占用一定土地空间而以土地面积计征的与矿业活动密切相关的占地租金。

二、征收概况

在澳大利亚，矿业权人（探矿权人和采矿权人）按年度向矿产资源所有权人缴纳的矿地租，除海上石油资源和北部地区的铀矿为联邦所有外，矿产资源所有权收入主要归州政府。各州数量不同，探矿阶段为每平方千米3~27澳元不等。

在美国对矿业权人获得矿地使用权的征收。一般前五年每年付2.5美元/英亩，第六年至第二十五年每年付5美元/英亩，不同矿种略有差异。在美国联邦和印第安矿业税收中，矿地租金约占4%，比重较小。

---

❶　王广成，曹善春，谷建国，李际.论矿业税费改革[J].煤炭经济研究，2000 (6).

三、矿地租金设立的目的

防止空占土地，鼓励工作投入，提高矿地利用水平。

四、矿地租金的问题

鉴于矿地租金与矿业活动直接相关，其征收依据是基于一种特殊的权利——矿地使用权，它与矿产资源所有权并不冲突，但却与矿业权的权益实现关系密切，是矿业权权益实现的必备条件，因此应当纳入矿产资源有偿使用范畴。

第四节　资源租金税（Resource Rent Tax）

一、资源租金税的含义、主要特点

资源租金税(RRT)，也称附加利润税(APT)，与盈余有关的权利金(SRR)或资源租金权利金(RRR)、超权利金，它是专属于矿业的一种税收制度，其目的是对采矿作业所创造的经济租金或超额利润征税。经济租金的经济内涵是，从公司收入中扣除掉为吸引矿业部门新项目私人投资所必需的最低收益之后的利润，或从公司收入中扣除掉矿山投资人所投入的全部资本的平均利润之后的剩余。

执行资源租金税制度，能使政府在比较盈利的矿山中取得较高的收益而不会影响边际矿山或妨碍新矿山的投资。

这种税收在矿山投资决策、经营规划中，对勘查及开发的可能不利影响及其对矿业公司总体运作的影响都是比较"中性"的。其收取对象是回到资源所有人手中一部分或全部的矿山超额利润。其目标既是使收取的税收最大化，同时又能鼓励矿业新投资。这种税收在巴布亚新几内亚已经成功地运用于绿田（从勘查开始的新建矿山）开发项目。

二、资源租金税的发展历程

资源租金权利金（或资源租金税、超权利金、附加利润税），作为权利金的一种演化形式"资源租金权利金（税）"，于1975年由澳大利亚首次提出。它的征收对象为矿山超额利润，也即地租理论中构成矿租价格的主体，是对级差矿租的一种征收。并由此而被称为"资源租金权利金（或超权利金）"这种由矿产资源资产所有权人对矿业权人所进行的收取，在理论上完全符合矿产资源有偿开采原则。实际上，正如奥托所说，资源租金税并不是市场经济国家矿业税制中一种常见的税制，但它确实存在，并在巴布亚新几内亚和澳大利亚的运用中取得了一定的经验和成功。墨西哥于1993年开征资源租金税(RRT)，1994年彻底实施。在1998～2000年，我国财政部世界银行支援项目"中国财税改革"的子课题"环境、资源税研究"外国专家组美国杜克大学税收学知名学者R.F.Conrad教授所提交的研究报告也重点介绍、推荐了澳大利亚的资源租金税(RRT)。

过去二十年间政府、工业和学术界对资源租金税制进行了广泛的讨论。迄今为止RRT制度已用于巴布亚新几内亚的矿业和石油税法、澳大利亚海上石油工业及Roxby Downs联合风险项目。澳大利亚工业资助委员会及澳大利亚农业和资源经济局(ABARE)、澳大利亚工业委员会迄今已发表了一系列文件，讨论RRT制度并建议澳大利亚矿产工业执行一种类型的资源租金税。自1975年关于资源租金税的第一份研究报告出版后，澳大利亚矿业税收制度的每一次述评都提到资源租金税是一种可能的极有潜在吸引力的税收方案。

澳大利亚工业委员会在1991年的《澳大利亚采矿和选矿业》报告中向联邦政府建议，用资源租金税代替现行的权利金制度："最近趋向于采用这么一种权利金制度，它综合了一种以利润为基础的要素，因此，符合逻辑的一个结论是征收纯租金基础的权利金，适用于金属矿产和煤。"

三、资源租金权利金的争论

1. 支持者的理由

对于资源租金权利金制度在矿业中的运用曾有支持和反对两种截然不同的主张。持支持观点的认为，就投资决策的制定而言，这是一种"中性"税收（Garnam及Clunies Ross，1975），对投资者的收益没有影响。这种税收制度的主要特征是只有在实现了为吸引新投资所必需的收益率之后才予以征收，也就是仅对超额利润（经济租金）收税，而边际矿山或盈利不高的矿山则没有这种负担。比起从量权利金直接引起经营成本提高来说，该税收制度将明显减少投资风险，因此有利于引发矿产资源开发的增加，促进矿山企业通过资本投资以开展勘查活动增加勘查投入，增加可采储量，扩大储量基础。引进新的有效的技术以改善经营，有利于提高矿产资源综合利用程度，并促进矿山企业通过控制矿石入选品位，利用其合理入选平均品位以实现所预定的收益率，从而提高原位矿产资源的利用率，增加矿山服务年限；也有利于增加投资以加强环境保护和矿地复垦工作，因为所有这些经营措施都可使矿山企业减少或合理规避其资源租金税税负。

对矿山经营者来说，由于资源租金税只有在投资偿付并实现了预期的收益率后才纳税，大大降低了项目开发早期阶段的风险，对开采更多的边际矿床非常具有吸引力。

2. 反对者的理由

（1）服务成本高。因政府所提供的以下服务，如：信息收集、监督、征收、审查、修正、与税收或权利金制度管理有关的谈判等，都是高成本。

（2）现营公司成本和收入记录的收集和验证有难度，因而影响适用税率的合理确定。

（3）中性程度不够。在篱笆效应影响下，失败的勘查项目不可能得到全部的亏损补偿，可影响风险大的开拓性的勘查安排，而取消有关勘查支出的篱笆限制则又将导致征收的资源租金税非常低，缺乏适当安排，可能扭曲投资模式。资本成本和经营亏损对税收阈值的影响较大，投资和现金流之间的消化期越长，这一影响越明显。

3. 评价

澳大利亚政府留意到了这些争论，在1990年7月修改了海上石油开发的资源租金税，允许全勘查亏损抵偿，相应地降低了基准率，从长期债券利率加15%降至长期债券利率加5%，以保持资源租金税的相对中性。然而一个更为普遍值得关注的问题是资源租金税从总体上降低了对经营效率的鼓励。按现行的税收制度，效率改善而增加的利润，除了按正常公司税税率付给政府外，全部属于公司。若按照资源租金税制度，提高效率而造成的利润的增加将按高出正常公司税税率的比率与政府分享。倘若经营效率的提高超过了资源租金税基准率，就更突出了所谓"对效率征收"的负面影响，其直接结果可能会削弱采矿和选矿效率的提高，降低边际盈利矿山的经营积极性。

第五节　耗竭补贴（Depletion Allowance）

一、含义

耗竭补贴指矿主（矿产资源所有权人、国家、政府）在每个纳税年度以给予业主（矿业权人、矿山企业）以其投资于勘查工作的总额为基数，分摊入储量存量为计量单位再按其该年度的矿石采出量或销售量计值，进而从矿山现金流或纯收入中扣除这部分摊入的金额作为征税基础即以减征利得税的形式回补给业主用于勘查新矿床，以接替资源正被耗减的部分。目的在于保持和扩大资源存量，保证持续或扩大矿山生产经营，延长矿山寿命。

这是针对矿产资源这种耗竭性资源的一项特有的优惠补贴。但优惠不是目的，根本目的在于鼓励勘查投入。而鼓励勘查投入的根本原因在于补偿矿产资源的物质耗减，所以称为"耗竭贴补"。

二、耗竭补贴与权利金

耗竭补贴与权利金是截然相反的两个概念。但这两个概念的基础却是相同的，即对矿产资源的耗竭按价值耗减（竭）和物质耗减（竭）两个不同方向进行不同形式的补偿。权利金是矿业权人因耗减（开采）矿产资源而以价值形式补偿给矿产资源所有人（国家）的，耗竭补贴则是矿产资源所有人（国家）对矿业权人因投入矿产勘查工作发现和探明新矿源而实现矿产资源物质增补，而通过减税、让利的方式给予矿业权人的优惠补偿。因此，这种补贴实际上是一种负权利金，它有效地降低了矿权人所承受的税负（有的国家是直接补贴，有的是从权利金支付中扣除，有的从所得税支付中扣减）。

三、产生与发展

这种补贴制度最早在1913年于美国运用于石油矿产。1918年即已形成法律规定，20世纪30年代在得克萨斯州探明西半球最大的石油储量中这项优惠措施起了明显的作用。目前美国从铀和石油到砂石、黏土约100种矿产实行这种补贴。在一些矿产生产国家往往将矿业公司实行耗竭补贴作为鼓励矿产开发的重要手段，它意味着相当一部分公司收入将由公司留下，并对公司利润的固定部分免税。由于耗竭补贴并不仅以公司的前生产资本投资额为基础，还允许有限度地分享部分矿山税前利润，并在矿山经营、获得收入的整个时期都有效。因此，要比对生产设备和设施实行优惠的折旧提成受惠更大，其激励作用也更大。

四、计算方法

在美国计算耗竭补贴一般采用两种方法。

1. 成本折耗法（Cost Depletion）

以矿产勘查支出为主体包括取得矿权的支出等前生产支出所构成的

原始成本为基础，摊入资源存量进行计算：

$$成本折耗（竭）额 = \frac{矿产勘查及前生产支出未回收部分（原始成本）\times 当年矿石销售量}{总剩余可采储量 - 当年开采量}$$

2. 百分比折耗法（Percentage Depletion）

即根据法律规定的补贴（折耗）百分数（美国在不同时期该比例为5%~22%）和税收年度的总收入计划进行扣减，但其扣除部分不得超过税前净收入（总收入-经营支出-折旧）的50%。

在矿山开发的早期，矿山净收入很少，甚至负数，百分率折耗取决于净收入，并限定补贴额不超过税前净收入的50%，故其折算的额度必然偏低，或无可折算。此时，按成本折耗计算补贴则可在早期获取较多的份额，保证摊提的资本回收。当矿山获得稳定的净收入后按百分比折耗计提补贴，即使矿权人已将原始成本全部收回，仍可持续收取补贴，虽有不超过税前净收入50%的限制，其折算的数额也通常大于成本折耗。

在美国，大石油公司一般使用前者，开采其他矿种的公司多使用后者。也可前阶段选用成本折耗方法回收原始成本，待原始成本完全收回再继续申请百分比折耗补贴，从而在整个矿山经营期间取得这种优惠。

五、典型国家

美国、加拿大、澳大利亚、印度尼西亚、马来西亚、津巴布韦、圭亚那等重要的矿产生产国都使用这种耗竭补贴制度。

澳大利亚则实施成本耗竭补贴，不采用所得或非成本标准的耗竭补贴。巴西对矿产申请地的购买或现金成本不予扣减，但可通过耗竭来回收，其耗竭补贴=年产量/已知储量×矿权价值。

加拿大以前也采用耗竭补贴制度，1976年1月1日以"资源减让"名称纳入所得税法，资源减让比率相当于矿产资源开发利润的25%，1995年加拿大财政部宣布两项税政提案其中之一是全部取消联邦与省两级政府的资源减让。但当时实行资源减让时以安大略省为例。其法定税率（在有关法律中规定的适用于课税收入的税率）达62.3%。由于资源减让的结果其实际有效税率却降为33.9%，对一个具体实际的小型金矿山而言，在取消了资源减让后，将使有效税率从33.7%增至56.1%，若以现行的省采矿税扣减来抵原资源减让，也将使有效税率从33.7%增至50.3%，这将大大降低加拿大在世界矿业界的竞争地位，从而引起争议。

印度尼西亚采用"采矿成本补贴"，补贴率除油气工业外每年不能超过20%。津巴布韦以矿产毛销售值5%为耗竭补贴率，金或银补贴率为价值的15%。

印度尼西亚、马来西亚、圭亚那等国也都实行耗竭补贴，但南非则不实行耗竭补贴。菲律宾税法规定纳税人可以选择将勘查及开发成本费用化或使用成本耗竭法，对于处理矿产申请地的现金成本，成本耗竭法是强制性的。

智利对矿地产的购买价格可用按单位产量为基础的耗竭扣减。

第三章 我国矿业资源税费制度的历史考察

我国的矿业税费制度源远流长。据史料记载，从夏代的盐贡、周代的山泽之赋到春秋战国、秦汉魏晋的盐铁税，从唐宋时期矿税初具雏形到元明清矿税基本成熟，从北洋政府时期矿税的现代转型到国民党政府时期矿税的现代转型完成。本章从历史的角度，考察中国历史上关于矿税的重要制度。我国矿业资源税费的改革不仅要立足世界，和国际接轨，而且也要以史为鉴，借鉴历史经验。

第一节 我国古代的矿业税费制度

一、先秦时期矿税的萌芽

1.夏商周的盐贡制度

据《尚书·禹贡》记载："海、岱惟青州……厥贡盐……"。意思是说渤海、泰山之间的青州以盐作为贡品。《中国税务百科全书》认为，贡是中国赋税的原始形式之一。[1]这表明，青州的盐贡，尽管只是税收的原生形态，但已经都具备了税收的性质。夏代的盐贡是后世盐税的源头。商承夏制，仍行盐贡，并已出现负责盐政的专职官员。

---

[1] 金鑫，刘志城，王绍飞.中国税务百科全书[M].北京：经济管理出版社，1991:104.

2.周代的山泽之赋

西周春秋时期,山林川泽是公社成员共同使用的。随着经济的发展,山林川泽对人们的用处越来越大,山林川泽等自然资源逐渐被国家控制,根据史书记载,国家设置了相应的官吏来进行管理。《周礼·地官·卝人》:"掌金、玉、锡、石之地,而为之厉禁以守之。若以时取之,则物其地图而授之,巡其禁令。"所谓"各致其时""以时"是指在某一固定时段之内可以利用山林川泽这些自然资源。《周礼·秋官·职金》云:"掌凡金、玉、锡、石、丹、青之戒令。受其入征者,辨其物之美恶与其数量,褐而玺之。入其金锡于为兵器之府,入其玉石丹青于守藏之府",郑众注:"受其入征者,谓主受采金、玉、锡、石、丹、青者之租税也。"这里所记载的是对私营采矿业者所实施的实物税制度。❶

3.春秋时期齐国的"官山海"政策 ❷

春秋时期齐国的宰相管仲在回答齐桓公关于如何治理国家的问题时说,"唯官山海为可耳"(《管子·海王》)。意思是可由国家控制山林川泽之利。"官山海"政策是管仲当时创行的重要的国家工商业政策。"官山海"中的"山海"意是"山海之藏""山海之业""山泽之利",主要指藏于大海中的食盐和藏于山岭中的铁矿两项重要资源。"官山海"政策,废除了先前允许私人经营盐铁业而由国家征收部分税收的政策,实施制盐业和冶铁业的国家垄断性经营,实施食盐和铁器两种商品的国家专卖。

据学界研究,当时"官海"即制盐业的国家垄断性经营和食盐的专卖,具体做法是,准许平民采伐枯柴,煮海水生产食盐。所产食盐,一部分以税收的形式由政府征收,余下的统统由政府收购。以征税和统购方式积存起来的食盐,全部由政府掌握控制,再由政府具体组织食盐的

---

❶ 陆德富.战国时期的关市与山泽之赋[J].中国社会经济史研究,2012(1):5.

❷ 刘玉峰.管仲"官山海"政策简评[N].学习时报,2008-08-11(009).

运输和销售。当时齐国已经建立了较为严密的户籍制度，食盐销售实行"计口售盐"的办法。即依据户籍册，按照户内人口的实际情况定量分配销售。食盐的销售价格与政府从煮盐平民手中收购的食盐的价格，有一个较大的价格差。通过这个价格差的获得，政府从中取得丰厚的财政收入。"官山"即冶铁业的国家垄断性经营和铁器的专卖，具体做法是，私人开矿冶炼进行生产，由政府和私人分成："量其重，计其赢，民得其七，君得其三"。铁器全由官府通过所属的官贾销售，按户籍编制，供应给农家。售铁器时，销价适当增加，以代征税。

"官山海"政策，是中国历史上首次官营国有垄断盐铁业运营，其运作理论和具体实践对后世王朝国家经营管理垄断行业提供了初步成熟的理论指导和模式借鉴，产生了重要历史影响，成为多数王朝解决国家财政危机的一项法宝，发挥了突出的"抑商"成效，对中国传统经济发展和社会发展影响重大。

二、秦汉魏晋南北朝时期矿税的发展

1.秦代盐铁税赋苛重

自商鞅变法之后，秦国即由国家统一管理山泽之利。统一中国后，盐铁征税大为加重。《汉书·食货志》记称："田租口赋，盐铁之利，二十倍于古。"大意是说，秦朝的田税、人口税，加上盐税、铁税等，整体税率高达二十倍于过去。

2.西汉的盐铁专营和盐铁税

西汉立国后，放弃了秦朝的经济管制政策，开放山泽之禁，盐铁开始私营。到武帝时，富商大贾多靠盐铁牟利。面对这种局势，桑弘羊等财政主管首先把货币铸造发行权收归朝廷，其次是推行盐铁官营。从此开始，盐铁收入成为政府经费的主要来源之一，而且所占比例越来越大。

张家山汉简详细记载了国家对私营煮盐、采矿业采取的税收制度。

西汉初年实行的对私营煮盐、采银、采铁冶铁、采铅、采金、采丹等矿冶业的税收规定，时代下限为吕后二年(前186年)。矿业税有以下类型：第一是煮盐税，税率是六分之一，煮盐者需要按比率向国家缴纳相应的税；第二是采银税，简文有缺且不太好懂，税率不详；第三是采铁税，税率为五分之一，对于利用所采之铁制作铁器的又要收五分之一的税；第四是采铅税，税率为十分之一；第五是采金税，税率为每人每天交金十五分之二铢；第六是采丹税，男子每月征税六斤九两丹，女子每月征税四斤六两丹。其中的采银、采金以及采丹者，所缴纳的都是实物税。❶

东汉章和二年（公元88年）和帝即位，下诏"罢盐铁之禁"。东汉政府废除盐铁官营专卖政策，该政策废除了盐铁专卖，但并不废除官营，官营与私营同时并存。对私营盐铁手工业，确立了征收盐铁税的政策，这一政策在东汉以后的各个封建王朝时期基本上沿袭下来，成为一种国策。❷

3. 魏晋南北朝时期盐铁专卖和盐铁税

魏晋南北朝时期，禁止私人开采铁矿，统由官营。至于食盐，东汉献帝建安年间，曹操根据荀彧的建议，监卖食盐，即实行民制官卖政策。以盐的专卖利益购置犁、牛，恢复农业生产。三国时期，除了曹魏外，另两国也都设官来管理事业专卖事业。西晋禁止私煎。南朝的陈对盐实行征税，北朝北魏初实行专卖，后来时兴时废，没有定制。

三、唐宋时期矿税初具雏形❸

隋末唐初，矿业已初具规模，但矿业在初唐不见有税，唐玄宗开元初，政府制定了专门的令、式条文向私营矿业征税，此后在管理上逐步

❶ 陆德富.战国时期的关市与山泽之赋[J].中国社会经济史研究,2012(1):5.
❷ 逢振镐.试论汉代盐铁政策的演变[J].江汉论坛,1987(2):5.
❸ 邓中华.我国矿税演化研究[J].经济师,2008(3):143-145.

予以加强。至玄宗开元十五年（公元727年），开始对金、银、铜、铁、锡征税，但矿税收入甚微。

唐代对矿业实行了以官营优先为前提的公私兼营政策，一方面由政府经营管理着一部分矿业；另一方面也允许私人经营。唐代对私营矿业的管理变化是：前期政府设冶监官营处，私人可以采矿，但要向冶监缴纳矿税；后期不设冶监官营处，私人亦可采矿，也可以矿产品向当地政府折充课役。唐代有两次重大的盐政改革，一次是公元758年第五琦实行的民制、官收、官运、官卖的食盐专卖制度，一次是公元762年刘晏采用的民制、官收、商运、商销的新盐法，推行官商分利政策。上述改革，一方面增加了财政收入；另一方面也调动了了盐商的积极性。

宋代的矿冶业发展较快，矿产品有金、银、铜、铁、铅、锡、水银、朱砂等多种，税收呈逐年上升趋势。宋代矿业经营可分为官营、专卖和民营三种形式。除官营外，政府以20%的税率进行实物征收。

辽国的金、银、铜、铁等矿产品，金国的矾、锡、铁、丹等十种矿产品，均由国家经营，实行专卖。皆设专管，课征税款。

四、元明清时期矿税基本成熟[1]

元代的矿产，主要有金、银、铁、铜、铅、锡、矾等，以铁矿最盛，金、银、铜、铅、锡等次之。元代对采矿时禁时弛，废置不常，不断摇摆于官办、民办之间，形成民办、官办双轨的局面。元代称洞冶课为岁课，是对山林川泽的物产课税，如金、银、珠、玉、铜、铁、水银、朱砂、铅、锡、矾、碱、竹、木等产物均为课税对象，包括金课、银课、铁课、朱砂和水银课、矾课、锡课，大部分属于矿产税性质。

明代矿税，也称坑冶之课，包括金、银、铜、铁、铅、汞、朱砂、青绿（矿质颜料）等矿产物质课税，以金、银为主，其他皆微不足道。金银矿开采大都采用官府垄断制，由政府主持开采。间有民采，需经允

---

[1] 邓中华.我国矿税演化研究[J].经济师，2008(3)：143-145.

许，其课额也重。

清代对采矿时开时禁，清初统治者为恢复农业生产，稳定社会经济，对开矿收税之事，极为谨慎。清初期警惕于明代矿课之害，又恐矿区聚众滋事，屡开屡禁。康熙后，逐开矿禁，矿业生产有所发展。清矿税更加纷繁，分金、银、铜、铁、锡、铅和水银、朱砂、雄黄等目，特别是铜和铅，国家征税采取抽课的方式。

一般抽取实物，但也可折收银两，具体形式有：（1）二八抽税。国家对铜铅矿产课以20%的矿税，余铜余铅由官府以官价收购一半，一半由商民自由买卖。这是清前期实行最普遍、时间最久的一种。（2）一九抽课。国家对铜铅矿产课以10%的矿税，余铜余铅或由官府以官价全部收购，或收购一半，一半听民自卖。（3）三七抽课。国家对铜铅矿产课以30%的矿税，余铜余铅听任商民自由买卖的矿税除抽收正税外，尚有杂课，主要是撒散与价脚。

撒散是为弥补正税在征收运输过程中的损失而课征的正税附加，实际上作为地方税吏的经费，税率一般在3%~5%。价脚是为支付铜课、铅课在运解途中的费用而向厂商征收的款项，每百斤铜铅收取一两六钱的价脚。

清后期的矿税，到咸丰年间，因军饷骤增，财政支绌，奖励开矿，金、银、铜、锡矿，均在开采之列，煤铁矿开采成为重点。按光绪二十四年（1899年）公布的《大清矿务章程》规定，矿税分"矿界年租"和"矿产出井税"。矿界年租属于矿区使用费，矿产出井税类似产品税，但该章程根本没有执行，故清后期的矿税，因矿种不同、时间不同、地点不同，其征税方法与税率也不同，极其混乱，变化无常。

第二节　北洋政府及国民党政府的矿业税费制度

一、北洋政府时的矿税

中国现代意义上的最具基本法律效力的矿法及其矿税之立法始于1914年3月11日，亦即民国三年三月十一日，在北洋政府农商总长张謇的主持下，根据大总统第三十六号教令，以民国三年三月三十一日国务院令公布之《中华民国矿业条例》。该条例规定探矿权及采矿权为矿业权，有关矿税列为两项。其一为"矿区税"，分别为探矿及采矿规定了按占地亩数纳税。并明确该"矿区税"为"地面租税以外之税"。"矿区税"按矿区面积计算，由北洋政府农商部负责征收，税率分为采矿和探矿两类，采矿每年每亩征银1角5分或3角，探矿不论矿种矿质，一律每亩征银5分。每年6月、12月由业主向实业厅预缴，再由实业厅转缴农商部。　其二为"矿产税"，按不同矿质的出产地平均市价的百分率征收。第一类矿质主要为金属矿产，税率按当地平均市价1.5%征收。第二类矿质主要为非金属矿产，税率按当地平均市价1%计征，由财政部负责征收。每年1月、7月由业主统计前6个月的产值，计算税额缴财政部核收。第三类矿质主要为建筑、石材类矿产，则免除"矿区税"和"矿产税"。此外，还有统税。统税按矿产品的运销价格计算，由财政部负责征收，税率为5%。每年2月、5月、8月、11月由业主预估3个月内的销售额，依率计算税额缴财政部核收。由于矿产物出产区域不同，运销情况也不同，同时开征矿产税存在很多问题，实际开征的很少。

鉴于前清矿章规定的矿税甚重，矿商深受其害。为了保护矿商的利益，维持国家利权，张謇接受了工矿界人士的建议，从制定矿法和有关政策着手，较大程度地降低了矿区税及矿产税。这些措施的实施有利于推进矿业经济的发展。

另外，北洋政府的矿税收入为中央专款。据统计，矿税收入1917年为262万元，1918年为185万元，1919年为86万元，呈逐年下降趋势。

二、国民党政府的矿税

国民党政府在成立之初，开始整理矿税，采用产销并征原则。民国十九年（1930年）五月二十六日国府公布《中华民国矿业法》，该法是我国最早的一部以"矿业法"为名的矿法。该法的矿税部分沿袭了民国三年（1914年）公布的《中华民国矿业条例》的有关规定，列为"矿区税"及"矿产税"两项。其实施办法与《中华民国矿业条例》相同，只是税率不同。《中华民国矿业法》经1932年1月20日第一次修正后，于1933年推行至各省。此后经1937年的第二次修正、1938年的第三次修正即进入了抗战时期。但历次修正中，对矿税的条款均承袭1930年版的基本框架，无本质改变。抗战期间虽有"战时"或"非常"时期条例或办法对金、铜、汞、锡、煤等矿产设有临时法规，但对矿税也并无新规。其间又经历了1941年、1942年及1944年的第四、五、六次修正，同样对矿税部分未立新规。抗战胜利，直至全国解放，又经过1947年、1949年的第七、八次修正，对矿税的基本设置继续承袭了1930年的基本框架。1949年以后，迁至台湾的国民党政府，其"矿业法"自1950年截至我们近年来所看到的民国九十年（2001年）十一月五日的台湾"矿业法"，其矿税条款的表述还是与1930年《中华民国矿业法》版本基本雷同。

第三节　我国历史上矿业税费的立法特点

通过前面对我国矿业税费产生、发展与现代转型等矿业税费历史的梳理，不难概括出我国矿业税费一些重要的特点。这些特点反映了我国矿业税费产生、发展和运行的一些规律，同时也集中体现了我国矿业税费历史上的经验和不足。从我国矿业税费的历史中发现规律、吸取经验、克服不足，将是源远流长、博大精深的中国矿业税费的历史留给今天的最大遗产。

一、矿业税费的主要职能是组织财政收入

矿税在财政收入中所占的比重很小，在各代均将矿税列入正税之外的杂税中，可见矿税在国家财政收入中不占重要地位。国家的主要税收是田赋、地赋和丁税等，矿税只有在财政困难时才征收、重征、重视，而且时停时征，其税收的主要职能是财政收入职能，主要是作为取得财政收入的手段，而非调节和监督职能。

二、我国长期实行盐、铁专卖制度

我国历史上最重要的两种课税矿物是盐、铁的经营管理，在生产、收购、运输、销售环节有私营、官营的政策差异。我国历史上长期实行盐、铁专卖。广义的盐铁专卖是指各个环节均有政府来经营，一般对盐业稍松，对铁业十分严格。通过盐铁专卖，国家一方面能获取高额的垄断利润，另一方面也能控制整个经济命脉从而有利于中央集权。

三、我国矿税征收方式多样化

汉代以后，金、银、铜等矿产的采掘业也发展起来，于是相应的矿税也随之产生了。随着矿业的发展，矿税的征收范围不断扩大。我国矿税既有实物征收方式，也有货币征收方式。只有出现货币后，矿税才有以货币征收的形式；对国家、皇室有重要意义的物品征税时，即使已出现货币，如铁、铜、金、珍珠、朱砂、玉等，也一般征收实物，如宋元明对金、银、铁、铜、水银、矾、朱砂等征实物。

四、征收矿税时未考虑环境保护原则

从历朝政府每年所收的铁的数量上可看出，从总的趋势看，从唐到明，冶铁业有较大发展。但由于生产力水平的限制，开采技术的原始落后，矿产资源的开采规模较小，对生态环境的影响较小，在征收矿税时未考虑环境保护原则，而只是考虑财政收入原则。

五、矿税立法和矿业立法融为一体

在清代以前，我国尚无专门的矿业立法，矿税立法只是一些专门征税的令、式条文。清末之后，出现了专门的矿业立法。矿税立法往往和矿业立法融为一体。从清末的《大清矿务章程》到《中华民国矿业条例》和《中华民国矿业法》可以看出这一明显变化。

根据以上分析，矿业税费在历史上大部分时间不属于政府财政收入的支柱。在当前矿业行业不景气而又特别重视环境保护的今天，如何给矿业企业制定合理的税费政策，需要认真思考借鉴上述有益的经验。

第四章　我国现行矿业税费制度的体系与现状

第一节　新中国成立后我国矿业税费制度的确立与发展❶

新中国成立以来，我国的税制建设已走过了60多年的历程，随着国家政治经济形势的发展变化，税收制度经历了从传统的计划经济向有计划的商品经济、最终向社会主义市场经济体制的转变过程，与矿山企业相关的税费制度也相应发生了变化。

一、37年的无偿开采制度

从中华人民共和国成立起，我国在很长一段时间内对矿产资源实行的是无偿开采制度。1982年1月，国务院发布了《中华人民共和国对外合作开采海洋石油资源条例》，该条例第9条规定，"参与合作开采海洋石油资源的中国企业、外国企业，都应当依法纳税，缴纳矿区使用费"，这里的矿区使用费，可以看作是我国矿产资源有偿开采的萌芽。

无偿开采在制度上结束于1986年10月1日《矿产资源法》的生效，在事实上终结于1984年的"矿产资源税的征收"和1994年4月1日《矿产资源补偿费征收管理规定》的施行。

---

❶　徐登敏.中国资源税费改革法律问题研究［D］.北京：中国政法大学，2006：2-4.

二、1984年的第一代资源税费制度

1984年9月18日，国务院颁布《中华人民共和国资源税条例（草案）》，作为国家第二步"利改税"的一部分，规定自1984年10月1日起征收资源税。试行期间，只对开采石油、天然气和煤炭的企业开征，对开采金属矿产品和非金属矿产品的企业暂缓征收，资源税采用超率累进税率，以产品销售收入作为计税依据从价计征。这就是我国的第一代资源税制度。

最初对三个矿种的征收原则是根据应税产品的销售利润率采用超率累进税率计算缴纳的。具体规定如下：①应税产品销售利润率为12%和12%以下的不征资源税；②应税产品销售利润率超过12%~20%的部分，按销售利润率每增加1%，税率增加0.5%累进计算；③应税产品销售利润率超过20%~25%的部分，按销售利润率每增加1%，税率增加0.6%累进计算；④应税产品销售利润率超过25%的部分，按销售利润率每增加1%，税率增加0.7%累进计算。

1984年起开征的资源税，比起1982年实行的矿区使用费制度，征收矿种增加了煤炭，征收地区从海洋扩大到了陆上，纳税人从中外合作企业扩大到所有企业。1984年资源税制度建立的理论依据是任何资源都存在丰度差异和区位差异，使用好的资源，在技术和管理水平都相同的条件下，能获得超额利润，资源税就是对这笔超额利润开征的特别税，目的在于调节使用不同级差资源的级差收益。把起征点定为销售利润率12%，即表明，只要没有获得12%以上的销售利润，国有矿产资源仍然可以无偿开采。但1984年资源税制度的建立，毕竟在客观上维护了国家对矿产资源的部分权益，推动了改革的前进。

三、"税费并存"制度的确立

1986年3月19日，六届全国人大常委会第十五次会议通过并公布了《中华人民共和国矿产资源法》（以下简称《矿产资源法》），同年10月1日起施行。该《矿产资源法》第5条规定："国家对矿产资源实行有

偿开采，开采矿产资源，必须按照国家有关规定缴纳资源税和资源补偿费"。该《矿产资源法》第25条规定："矿床勘探报告及其他有价值的勘查资料，按照国务院规定实行有偿使用"。

"税费并存"制度从此以法律的形式确立下来。《矿产资源法》1986年文本的主要贡献是确立了有偿开采的原则，而有偿开采的具体实现形式则还不够完备。采矿权有偿取得，本应是有偿开采制度的组成部分，法律却没有做出明确规定，以至于1994年以前有些地方在探索采矿权有偿出让办法时，找不到必要的法律依据。至于探矿活动，当时还完全在计划经济体制的轨道上运行，探矿权有偿取得更没有可能提上日程。矿业权不能转让，其结果，一是国家的大量投入不能回收，造成国有资产大量流失；二是不能多元化地吸引矿产投资，不利于市场机制下资源的最优配置。矿业权不能作为资产进入市场，不能改变矿业的困境，仅仅靠征收的资源补偿费作为对地勘费的补偿，不足以维持地勘业的正常运行。这些不足，后来在1996年重新修订《矿产资源法》时得到了弥补。

四、1994年的第二代资源税费制度

1994年2月，国务院发布了《矿产资源补偿费征收管理规定》（以下简称《规定》），于同年4月1日起施行。该《规定》具体落实了1986年《矿产资源法》中写明的有偿开采原则，并在"附录"中列出了我国当时已发现的全部173种矿产及其补偿费率。矿产资源无偿开采到此结束，覆盖了全部矿种的有偿开采制度从此开始发挥作用。在1993年全国财税体制改革中，对1984年第一代资源税制度作了重大修改，形成了第二代资源税制度。其主要内容是，把盐税并入资源税，扩大征收范围，除原油、天然气、煤炭外，还对黑色金属矿原矿、有色金属矿原矿和其他非金属原矿等征收资源税；废止原超率累进税率制，改为按矿产品销售量征税，并为每一个课税矿区规定了适用税率。与1984年第一代资源税制度相比，1994年第二代资源税制度出现了一个明显的逻辑矛盾，即对没有获得超额利润、没有达到平均利润以致出现亏损的矿山企业，也要征

收体现"级差收益"（1984年第一代资源税制度的宗旨）的资源税。或者说，从1994年开始，在分税制的洪流中资源税已经成了一种地方性的财产性收益，成了我国资源有偿使用制度的重要组成部分。

五、矿业权有偿转让制度的确立

我国矿产资源法实施10年后，于1996年进行了修改。修改后的矿产资源法，一个重要的改革是国家实行探矿权、采矿权有偿转让制度，矿业权可以在一定的条件下进行转让，明确了探矿权、采矿权的财产属性。国家作为资源的所有者，除了收取资源税和资源补偿费外，还可以在转让矿业权的同时，收取矿业权价款和使用费，矿产资源的国家所有权进一步得到体现。

第二节 我国现行矿业税费的制度体系与具体制度

一、我国现行矿业税费的制度体系[1]

矿产资源税费制度是由矿产资源法、税法及其附属法规、国家资源政策等组成，用以调整矿产资源勘查、开发过程中诸多经济关系的规范的总称。按我国现行法律、法规制度的规定，矿产资源税费体系由税、资产收益和行政事业性收费三部分组成。税包括资源税和石油特别收益金；资源资产收益包括矿产资源补偿费、探矿权使用费、采矿权使用费、矿区使用费、探矿权价款和采矿权价款；行政事业性收费则包括勘查登记费和开采登记费（见图4-1）。若按管理方式的不同（有的直接缴国库、有的缴专项专户）再细分，还可以分为油气勘查登记费、固体矿产勘查登记费等。由于企业增值税、所得税和城市维护建设税等是针对所有企业普遍征收的税费，故不包括在以矿产资源为对象的资源税费体

---

❶ 江峰.矿产资源税费制度改革研究[D].北京：中国地质大学,2007:45-47.

系之中。同时，由于政府向特别服务对象提供特定服务、收取的行政事业性收费如勘查登记费和开采登记费等，因收费的理由、依据充分，且行政事业性收费在矿产资源税费中比例太小，影响不大；石油特别收益金仅适用于石油生产企业的"暴利"，不具有普遍性。因此，本课题仅对资源税、矿产资源补偿费、矿区使用费、探矿权采矿权使用费和探矿权采矿权价款进行重点说明和探讨，对行政性收费则不作评析。

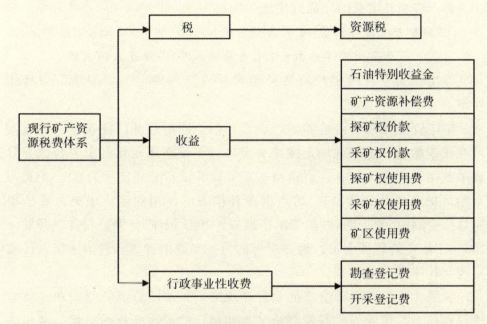

图4-1　我国现行矿产资源税费体系

二、我国现行矿业税费的具体制度与评价

1. 矿产资源补偿费

矿产资源补偿费是矿业权人在开采和耗竭了矿产资源所有权人的不可再生的矿产资源之后而支付的费用，它调整的是矿产资源所有权人与矿产资源开采者（采矿权人）之间的经济与法权关系。

《矿产资源法》第5条规定："国家对矿产资源实行有偿开采，开采

53

矿产资源，必须按照国家有关规定缴纳资源税和资源补偿费"。《矿产资源补偿费征收管理规定》第1条开宗明义地指出，矿产资源补偿费是为了保障和促进矿产资源的勘查，保护和合理开发，维护国家对矿产资源的财产权益。《规定》具体落实了1986年《矿产资源法》中写明的有偿开采原则，并在《附录》中列出了我国当时已发现的全部173种矿产及其补偿费率。

矿产资源补偿费的计征方法统一规定为：

$$应征矿产资源补偿费=矿产品销售收入×补偿费费率×开采回采率系数$$

$$开采回采率系数=核定开采回采率/实际开采回采率$$

补偿费费率在《矿产资源补偿费征收管理规定》"附录"中具体列举。

矿产资源补偿费由地质矿产主管部门会同财政部门征收，一般可按月或按季缴纳，金额就地上缴中央金库。年终按规定比例中央与地方分成单独结算。中央与省、直辖市矿产资源补偿费分成比例为1:1；中央与自治区的分成比例为2:3。矿产资源补偿费的使用规定将中央分成所得（总征收额的50%）的70%用于矿产勘查，20%用于矿产保护和合理开发，10%用于矿产管理费支出；地方所得的另一半则由省级和自治区级人民政府规定其使用方向。

根据《矿产资源补偿费征收管理规定》，矿产资源补偿费在经济与法权性质上与国际通行的权利金基本相似。二者在征收的宗旨、调整的对象、征收的依据、征收的经济本质上是一致的，都属绝对矿租。事实上，在一些国际矿业媒体介绍中国矿业的文章中，一般均直接将我国的矿产资源补偿费译作"权利金"。所不同的是这些国家所征收的"权利金"只规定费率，从量或从价计征，并不涉及矿产回收率的高低，也不具体体现规定征收所得的使用方向。

当然，这与20世纪80年代末、90年代初一些国家将权利金与利润挂钩的发展趋势是有区别的。那样做实质上已包含了一部分级差矿租的内涵，"超额利润权利金"即是。根据以上认识，国内有学者认为我国矿产资源补偿费体现了国家对矿产资源所有权的经济实现，其他都应按

"谁投资，谁受益"的原则进行分配。显然是撇开了矿山级差收入一级差矿租这一资源所有者权益的主体部分，以偏概全，难以立论。至于因资源补偿在收入分配中最终归中央的50%部分再以70%的份额专用于矿产勘查的切分，就将资源补偿费定性为对矿产资源耗竭的异地补偿，更是本末倒置了。

2. 资源税

早在1982年，在我国对外合作开采海洋石油的矿业经营中即已经以"矿区使用费"的名义征收矿租。矿区使用费由开采海洋石油的中外企业和中外合作开采陆上石油的企业按照每个油、气田日历年，原油或天然气总产量和规定的费率缴纳。1990年《中外合作开采陆上石油资源缴纳矿区使用费暂行规定》第3条："矿区使用费按照每个油、气田日历年度原油或者天然气总产量分别计征。"矿区使用费费率根据《中外合作开采陆上石油资源缴纳矿区使用费暂行规定》第3条、第4条可概括如下：矿区使用费设起征点，超过部分实行超额累进费率，实物缴纳，并由税务机关负责征收，管理费率为1%~12.5%。矿区使用费为中央与地方共享收入，其中海上矿区使用费归中央所有；陆上石油矿区使用费归地方所有。1995年财政部、国家税务总局关于修订《中外合作开采陆上石油资源缴纳矿区使用费暂行规定》（财税〔1995〕63号）的通知对上述费率进行了调整。这是新中国成立以来，在我国最早实施矿产资源有偿使用制度一项初始形式，是以后普遍征收资源税费的发端。

（1）资源税的由来、发展与税率调整。

新中国成立以来，我国对资源类征税，并直接以资源税命名的税种是最早在1984年10月第二步"利改税"中开征的矿产资源税。

早在1978年11月国家税务总局已开始着手税制改革的筹备工作。1979年5月根据中共中央副主席李先念在中央工作会议上指出的要对税收等方面的管理体制和制度必要改革的精神，国家税务总局在成都召开全国税务工作会议，初步提出了税制改革的总体方案。在整个税制布局中，研究开征 7 个新的税种，其中就有资源税一项。这一税制改革的总体方案于1980年8月由财政部向中央财经领导小组汇报，并于1981年8月由财政部提出《关于改革工商税制的设想》并上报国务院。1981年9月5日，国务院批准了这个设想，其正式成为改革工商税制的总体规划。这个总体规划的具体实施方案包括了资源税的征收。

总体规划初步确定之后，经过一段时间的调查、试点、局部实施与调整，在1983年4月24日国务院转批财政部《关于国营企业利改税试行办法》，于同月29日财政部签发了《关于对国营企业推行征收所得税的暂行规定》，确定从1983年1月1日起在全国试行第一步国营企业利改税，对国营企业正式开征按实现利润的55%税率交纳所得税，税后利润一部分交给国家，一部分为企业留利，在第一步利改税取得明显成效之后，1984年9月18日国务院批转了财政部《关于在国营企业推行利改税第二步改革的报告》及《国营企业第二步利改税试行办法》，确定从1984年10月1日起试行。从此，我国利税改革即由税利并存过渡到完全的以利代税。在此之前，即在1984年6月底召开的全国第二步利改税工作会议上讨论并确定了盐税、资源税等共6个税收条例以及国营企业调剂税收征收办法随《国营企业第二步利改税试行办法》一并转发。至此，资源税就在我国第一次正式开征。

在我国开征资源税的初衷主要在于：促进国有资源的合理开采、节约使用和有效配置；调节资源自然条件形成的资源级差收入；平衡企业利润水平、创造公平的企业竞争外部环境；扩大税源、增加国家财政收入。

1984年9月18日，国务院发布《中华人民共和国资源税条例（草案）》《中华人民共和国盐税条例（草案）》《中华人民共和国盐税条例（草案）实施细则》，从当年10月1日起试行。资源税条例规定的征税范围包括原油、天然气、煤炭、金属矿产、非金属矿产，但实际开征范围仅限于原油、天然气、煤炭三项特定资源，后又增加了铁矿石。盐税条例将盐税作为一个独立的税种征收，不纳入资源税。

矿产资源税以开采者取得的原料产品级差收入为课税对象，不包括经过加工的矿产品。矿产资源税实行从利征收，计税依据为应税产品的销售利润率。

最初采用按超率累进税率征税办法实行征收：销售利润率不超过12%的，不征资源税，以适应一般工矿企业约为12%（含12%）的销售利润率平均水平；销售利润率超过平均水平部分，分成3个级距计征，而超过12%~20%部分，每增加1%，税率增加0.5%，累进计算；超过20%~25%部分，每增加1%，税率增加0.6%，累进计算；超过25%以上部分，每增加1%，税率增加0.7%，累进计算。

采用以销售利润为依据的超率累进税率，其前提是认定资源级差收入体现在产品销售利润中，可以适应销售利润率的不同水平，较为恰当地提取其中体现的级差收入并能适应资源递增、递减和销售利润率增减的变化情况而增减税收，缓和了企业间因资源条件差异而产生的苦乐不均的矛盾，使税负较为合理。但按销售利润率进行超额累进征收也有重大缺陷，因为影响采矿企业率高低的原因很多，不都是资源级差收入一个因素造成的。一些资源条件好，但经营管理差的矿山企业，由于销售利润率低，致使应由国家集中的资源级差收入，不能足额提取，甚至征不到税；而一些资源条件差，但经营管理好利润率高的矿山企业可能超过应征的级差收入数额。这就违背了开征资源税的立法本意，出现了"鞭打快牛"，也就是西方矿产经济专家所说的"对效率的征收"的不合理现象。1986年9月，财政部决定从当年1月1日起，将煤炭资源税的征收办法，由按应税产品的销售利润为依据的超率累进计征，改为按实际销量定额征收。

鉴于1984年发布的资源税条例草案已经做出多次调整和修改，同时许多方面不能适应形势发展。1993年12月25日国务院颁发《中华人民共和国资源税暂行条例》，同年12月30日，财政部发布《中华人民共和国资源税暂行条例实施细则》，暂行条例中附有《资源税税目税额幅度表》以及与之配合使用的《资源税税目税额明细表》《几个主要品种的矿山资源等级表》均从1994年1月1日起实施。与此同时，废止1984年9月18日国务院发布的《中华人民共和国资源税条例（草案）》《中华人民共和国盐税案例（草案）》《中华人民共和国盐税条例（草案）实施细则》。1993年资源税立法坚持"统一税收、简化税制"和"普遍征收、级差调节"的原则，将盐税纳入资源税，同时将资源税的范围扩大到其他非金属矿以及黑色、有色金属原矿，即规定在我国境内开采规定的矿产品或生产盐的单位和个人都一律依法缴纳资源税，而不论该项开采或生产有无资源级差收入。同时，在普遍征税的要求下，采取了按资源的具体品种设置7个税目，并根据资源条件的差异划分不同等级或不同产区，分别规定不同幅度的定额税率，以调节不同生产者的级差收入。资源税新税制还统筹安排资源税与流转税的负担结构。

（2）资源税不符合"税收三性"。

综观以上关于资源税的发展轨迹，其征收方法虽屡有改变，但对征收对象和征收任务的提法，从政府财税主管部门的各项有关法规和文件以及高等专业院校教材、有关财税专著等，均一贯地并一致地强调其"促进矿山的合理开发，调节资源级差收益"的置税目标。既然以矿山级差收益为征收对象，以调节矿山级差收益为征收目标，无疑，资源税的经济属性应定名为级差矿租（矿山级差地租）。这是因为在所有经济学经典著作中，从来都将土地或矿山的级差收益作为土地或矿产资源所有人对资源使用者收取地租或矿租的主要内容。自设置资源税以来，矿山级差收益就一直以"税"的名义征收，以致形成了长期"以税代租"的不正常格局。"以税代租"的误区表现为混淆了国民经济收入分配的层次。将原本属于生产要素（土地矿产资源等）的一次分配划入国民收入再分配（二次分配）行列，形成分配层次错位。同时矿产资源产权的经济实现方式也与"税收三性"相冲突。首先，矿租是因矿产资源使用者通过开采活动耗减、终致耗竭矿产资源而对资源所有者的缴付报偿，它是直接的、针对性极强的"有偿"行为，与税收的"无偿性"或所谓的"间接有偿性"具有截然不同的含义。其次在矿权交易中，即使是一级市场的矿权出让，其出让与受让双方也都是平等地面对交易规则，通过协议或竞价方式在愿买、愿卖中成交，绝不容有任何强制行为。而税收的"强制性"则与此完全相悖，它彰显的是纳税人应尽的义务，而不是市场公平。"税收的固定性"是保障国家财政收入稳定性的必然要求，而矿租则是反映具体矿山地质矿产条件与市场条件的一项动态的、极具个性的征收。据此，税收的"固定性"注定了它不可能及时地、针对性地对矿山级差收益进行有效的调整。根据以上分析，我们可以有理有据地提出，现行资源税的最大问题即是"以税代租"，其改革的根本方向理应是取消其"代租"的责权，将矿山级差收益返本归原于矿租名下。1984年资源税施行伊始，采用"超率累进税率"制，还保留对具体矿山的级差差别的反映。经1986年、1993年的两次改革已基本脱离了个别矿山的级差个性。尤其是1994年以后，随着分税制实施，资源税划归地方税，就与"租"的概念和矿产资源国家所有的产权关系渐行渐远。

（3）资源税租税错位。

在对我国现行资源税存在的问题和进行改革的论述中，我们基本上都是从经济学，即理论经济和产权经济的角度来剖析和评价。倘若我们从法学的角度进行考察，又将引发令人困惑和难解的问题。在本课题的前边，我们已从地租理论、分配理论、产权理论等方面浅略地论述了矿租的产生、来源及其分配的基本特点，并从主流理论的共识中认定：矿租来自矿山的绝对收益和级差收益，并在所有权垄断下，对应转化为矿山绝对矿租和级差地租。在总矿租中，级差地租作为主体在数量上所占比例最大。两类矿租都由矿产资源所有者从矿产资源使用者那里收取，以达到矿产资源所有者的经济实现。

资源税从1984年开征以来，一直以矿山级差收益为征收对象。其征收任务也一贯强调是调节矿山级差，这可由政府有关财税主管部门的正式文件，行政法规的措辞、提法，以及有关学术专著、论文、专业教材等文字表述所佐证。根据我国宪法第9条规定："矿藏、水流、森林、山岭、草原、荒地、滩涂等自然资源都属于国家所有，即全民所有。"《中华人民共和国矿产资源法》第3条进一步规定："矿产资源属于国家所有，由国务院行使国家对矿产资源的所有权……"这就从法律上明确了矿产资源的所有权是国家，即全民，并由国家最高权力机构授权国务院行使这项所有权权益。1986年10月1日施行的第一版《矿产资源法》第5条规定："国家对矿产资源实行有偿开采。开采矿产资源，必须按照国家有关规定缴纳资源税和资源补偿费。"这是新中国成立以来，首次正式通过一部法规宣称对开采矿产资源实行有偿开采，并将资源税纳入有偿开采的内容之一。由于"资源税"已先于矿法实施两年，成为既成事实，当时人们更多关注的是矿产开采从长期的无偿使用实行有偿使用的重大转变。故而对以"税"的名义实现有偿开采，并未引起太多质疑。且因都是通过国务院相关管理机构征收，收后又皆纳入国库，国家资产并未流失，也就不作苛求。但是"租""税"错位的隐患，却从此萌生。1996年8月29日第八届全国人民代表大会常务委员会第二十一次会议决定修正的《矿产资源法》修正版颁布。同样是在第5条，在规定国家实行探矿权、采矿权有偿取得制度的同时，重申"开采矿产资源，必须按照国家有关规定缴纳资源税和资源补偿费"。可见资源税仍被包含在"有偿"的概念之内。"以税代租""租税错位"不仅仍在持续，还在这时期随着国家分税制的实施，"资源税"竟被划出中央税种（其根据是国务院《关于实行分税制财政管理体制的决定》〔国发〔1993〕85号文〕）。这就出现了令人困惑不解的两个方面的问题：其一，"维护国家权益，实施宏观调控"是划分中央税的事权的主要依据。根据我国矿法规定，实行矿产资源有偿制度，并设立"资源税"这项矿租的主要部分，并以调节矿产级差收益为主要任务的税种正体现这"维护国家权益，实施宏观调控"的重要事权内容之一。85号文件将其划出中央税种，只保留与中央事权相对的"支出"之一"地质勘查费"。这种措施反映出"事权"与"财权"的不相对应。然而更为本质、更值得关注的是，其二，反映在分税制财政管理的规定中对中央与地方收入的划分。"资源税"纳入"中央与地方共享收入"，但除海洋石油资源税纳入中央收入之外，"资源说"按不同资源品种划分，大部分"资源税"划入地方收入，而在地方的事权中并无关于矿业方面的承担。这不仅违背了"事权与财权相结合"的原则，更为严重的是意味着矿产资源虽名义上属国家所有（全民所有），事实上都成为现实的属地的经济权益实体占有了本应属于全民的矿租的主要部分。这就必然地涉及矿产资源产权定位这一重大的所有权制度层面的原则问题，从而使整个资源说问题进一步复杂化。众所周知，矿产资源国家所有，即全民所有，绝对不能等同于地方所有或属地所有；同理，国家所有权的经济权益实现也不能等同于地方的经济权益实现。这是不容混淆的关于产权权益的最基本的界定之一。在所有权的四项权能中，收益权是一项核心权能，所谓国家所有权的经济实现主要是通过收益权来实现。如今，在分税制改革中，将大部分资源税作为地方收入，纳入地方金库，转为地方财政，这就从实质上改变了矿产资源所有者收益权的权能，直接影响到国家所有权的经济实现。按照国家《立法法》的原则和立法程序的规定，全国人大及其常委会授权《矿产资源法》明文指定由国务院行使国家对矿产资源的所有权，尽管国务院可根据实际需要制定行政法规（《中华人民共和国资源税暂行条例》即是国务院制定的行政法规），但无权变更矿产资源国家所有权的内涵。除非有全国人大及其常委会的授权明示，否则就难免有越权之嫌，也动摇了"资源税"分税制改革的合法性。即使将"资源税"纳入中央与地方共享收入范畴，国家税务总局参与了"资源税"的征管过程，倘无国家最高权力机构的授权，也难以对国家所有权权益内涵的实质性变更做出合理合法的解释。

（4）资源税的负面影响。

将"资源税"纳入共享税或地方税的直接正面效果是充实地方税种，增加了地方税收入。但它所带来的负面效果却是多方面的，其中主要有如下两个方面：①分布不均衡性是矿产资源的自然特性之一。成矿地质条件好的地区矿业开发活动就比较发达而集中，地方财政的资源税收入就比较丰厚。反之，反是。这纯粹天赐的差别本应由国家在国土全局上予以均衡、调节，由全民共享。在分税制下，一地方得天独厚，一地方却只能望"地"兴叹，形成了人为的分配不公，其结果是"得天独厚者"未必用更多资金去支持矿业发展，而"望'地'兴叹者"为改变现状，亟须投入更多矿产勘查却又缺乏来自本地区的"以矿养矿"的资金支持。②对于由矿山绝对收益和级差收益共同构成的应归于国家所有的总矿租的收入分配现行格局是：构成矿租主体的"资源税"，在分税制下，大部分划归地方财政。此外，又将现行"资源补偿费"的

50%、采矿权价款的80%也都划归地方。这种未经论证、缺乏理性地向地方"倾斜",严重地削弱了"以矿养矿"原则的落实。发展矿业需要资金投入,我国矿产资源保证程度不高,后备基地紧张,亟须加强矿产勘查。矿山生产技术的开发与装备、矿山安全生产的保障、循环经济的技术装备支持、资源衰竭矿山与矿城的产业转型、接替矿山的异地准备与矿山迁移、矿山环境、生态的治理与复原等事项皆需巨额投资。这些资金需求仅靠矿山自身或属地财政是难以实现的,在社会主义市场经济条件下,唯一可选择的途径是筹集国家收取的部分矿租,建立矿业基金(地勘基金理应包括在内),实施对以上各领域的资金支持。这种支持可以是无偿的、无息的、低息的等多种处置,而"矿业基金"本身也可上市向社会集资,以达到保值、增值的目的。这比起2005年,在面对矿山后备基地紧张的危急情势下,由国家拨巨资投入矿产勘查这种计划经济时代惯用的手段来,是更符合市场经济规则、更可持续发展的。

在这种"以税代租"的格局下,加入了地方利益,进一步发展为令人无奈的、难以撼动的既成事实,成为合理改革矿业税制的最大障碍。倘若我们还想真正对矿业税制进行彻底的、合理的改革,就必须以国家整体利益为重,下定决心,妥善、合理、合法、有步骤地去克服这无可回避的最大障碍,赢得我国矿业税制改革的最佳效果。

3. 探矿权、采矿权使用费

十五大报告指出,资源开发和节约并举,并把节约放在首位,提高资源利用率,统筹国土资源开发和整治。严格执行土地、水、森林、矿产、海洋等资源管理和保护的法律,实施资源有偿使用制度。在此形势下,国务院于1998年2月12日发布了《矿产资源勘查区块登记管理办法》《矿产资源开采登记管理办法》《探矿权采矿权转让管理办理》,分别规定了探矿权、采矿权使用费的征收。

探矿权、采矿权使用费是探矿权、采矿权人依据拥有的矿业权开展矿业活动(矿产勘查与开采)必须占用一定土地空间(面积)而支付的代价。

　　探矿权使用费标准按《矿产资源勘查区块登记管理办法》第12条规定：第一个勘查年度至第三个勘查年度，每平方千米每年缴纳100元。从第九个勘查年度起，每平方千米每年增加100元，但是最高不得超过每平方千米每年500元，即从第七个勘查年度开始为每平方千米每年500元不再递增。采矿权使用费标准按《矿产资源开采登记管理办法》第9条规定：缴纳采矿权使用费，按照矿区范围的面积逐年缴纳，标准为每平方千米每年1000元。缴纳方法：由探矿权、采矿权人在领取勘查、开采许可证时，向矿权登记管理机关按勘查、开采区块面积逐年缴纳。

　　探矿权、采矿权使用费是对成矿地带含矿区块开展地质勘查工作或矿产开发活动必须占用一定土地空间而以土地面积计征的与探矿权、采矿权直接联系，与矿业活动密切相关的占地租金，相当于国外的矿地租，不过收取标准与世界其他国家相比约低1/3~1/2。

　　为了促使探矿权人在取得探矿权后，及时尽早地开展勘查工作，并避免占用太大地盘，区块登记管理办法还规定在探矿权许可范围内，每年必须投入一定数量直接用于勘查的资金，并逐年增加。按《矿产资源勘查区块登记管理办法》第17条规定的勘查投入为：a.第一个勘查年度每平方千米2000元；b.第二个勘查年度每平方千米5000元；c.从第三个勘查年度起，每个勘查年度每平方千米10000元。如勘查还在继续，以后每个勘查年度每平方千米不低于10000元的标准不变。

　　所有这些规定，其基本思路和具体做法都可与国外所施行的矿地租相对应。

4. 探矿权、采矿权价款

　　探矿权、采矿权价款是由国家出资勘查探明的矿产地在出让探矿权、采矿权时，由探矿权、采矿权的受让方按规定支付的代价，由探矿权、采矿权人在领取勘查、开采许可证时向矿权登记管理机关缴纳。《矿产资源勘查区块登记管理办法》第12条第1款规定："申请国家出资勘查探明矿产地的探矿权、采矿权的，探矿权申请除依照本办法第12条的规定缴纳探矿权使用费外，还应当缴纳经评估确认的国家出资勘查形成的探矿权价款"。《矿产资源开采登记管理办法》第10条第1款规定："申请国家出资勘查并已探明矿产地的采矿权的，采矿权申请人除依本办法第9条的规定缴纳采矿权使用费外，还应当缴纳经评估确认的国家出资勘查形成的采矿权价款"。

按现行规定，探矿权、采矿权价款一般以现金方式缴纳。对一次性缴纳价款有困难的，经探矿权采矿权审批登记管理机关批准，可在探矿权、采矿权有效期内分期缴纳，其中探矿权价款最多分两年缴纳，第一年度缴纳比例不低于60%；采矿权最多可分10年缴纳，第一年缴纳比例不应低于20%。分期缴纳价款的探矿权人、采矿权人应承担不低于同期银行贷款利率水平的资金占用费。

从我国现行计算价款所借鉴的澳大利亚矿业权资产评估办法（VALMIN章程），可以看出价款内涵对探矿权来说既包括国家已经投入的地勘费，还附加了勘查风险及对工作区的预期远景的估计，因此，其构成的基本要素是勘查成本加勘查风险加资源远景溢价，作为勘查投资回报，它不仅是对国家投资的回报，同时也应面向任何勘查投资者。对采矿权而言，则主要是矿山开采的预期效益（由净现值表征的超额利润），属于资源税、资源补偿费之外的矿租的剩余部分，这就又类似于美国的红利或矿业权招标拍卖中的底价。因此，它们在本质上应都属矿业权转让的价格。当采矿权价款采取参股形式投入采矿项目时，采矿权价款就成为预定股份额度，据此计取红利。

由于勘查投资与矿租剩余部分在经济性上是有本质区别的，不容混淆。现行关于探矿权价款、采矿权价款的评估准则和评估方法，恰恰混淆了这两种不同经济属性的价款，导致了对国家所有权的资源产权权益的侵夺。这是我们必须予以改正的一个重要方面。

三、国内外矿业税费经济性的比较

根据以上对国内外矿业专用费税的表述与分析，我们可以从其经济属性与计征方法这两个主要特征做出如下对比（见表4-1）：

表4-1　国内外矿业税费经济性的比较

序号	我国矿产资源有偿使用制度构成	经济性质	国外对比
1	资源补偿费	绝对矿租	权利金（从量、从价）（Royalty）
2	资源税	级差矿租	红利(Bonus)、附加权益、资源租金权利金
3	探矿权价款	勘查投入加溢价	矿山企业为勘查投资主体之早期探矿权的转让价格，矿山开采时对矿山实行Deplelion Allowance的优惠
4	采矿权价款	扣除资源补偿费及资源税后的部分矿山剩余利润	红利或附加权益的部分剩余
5	探矿权使用费	勘查区块范围内的用地租金	矿地租金（Mineral Rent）
6	采矿权使用费	矿山开发用地租金	矿地租金（Mineral Rent）

　　必须说明的是：在对比中，我们将美国所施行的"红利"或"附加权益"，以及澳大利亚等国所施行的"资源租金权利金"或"资源租金税"与我国的资源税作对应，其理由为，这些国家对土地、矿产资源等自然资源的使用（或耗减、耗竭）的价值补偿都以李嘉图地租理论为依据。而李嘉图地租理论的核心即是系统论证了土地或矿山的级差收益转化成的级差地租（或级差矿租）。在美国，除去以低费率、从量或从价、与矿山盈利不挂钩、反映对矿山绝对矿租的征收的权利金之外，唯有"附加权益"或"红利"能反映对矿山级差收益的收取。这类征收只对"可租让矿产"，也即盈利丰厚、投资竞争性强的矿山实施。以矿山级差收益为基础，作为干股的股权额据以计征的"红利""红利"本身即为矿山缴纳的年矿租。至于澳大利亚、巴布亚新几内亚所施行的"资源租金权利金"或"资源租金税"，则明确地以矿山级差收益为计征对象，因此，它们都可与我国的"资源税"及"采矿权价款"的经济属性相对应，只不过在征收名义、计征方法以及切分级差收益的比例上有所差别而已。在美国对矿山征收"红利"、澳大利亚征收"资源租金权利金（税）"之外，都同时征收"权利金"，也从侧面反证了两种不同类型矿租在计征方法和权益实现上的差别。这与我国通过"资源补偿

费""资源税"以及"采矿权价款"来分别实现对矿山绝对矿租和级差矿租的征收,在基本思路上是相通的,都可得到理论解释,在形式上大体可以对照。正因如此,我们可以有根据地对我们现行矿业税费制度框架做出基本肯定的评价,今后改革的任务应集中于"资源税"以税代租问题的合理解决。

第三节 我国现行矿业税费制度存在的问题

一、 我国矿山企业税负过重

自1994年实行新税制后,我国矿业税费负担大大加重(见表4-2)。

表4-2 《中国统计年鉴》(2007)全国独立核算工业企业税费率统计

项目	销售收入 (亿元)	全部税费 (亿元)	税费率(%)
全国工业	313592.45	14453.41	4.61
采掘业	19340.89	1989.71	10.28
其中:煤炭	7461.15	689.46	9.24
油气	7790.77	1023.38	13.13
黑色金属	1376.52	108.53	7.88
有色金属	1714.86	100.3	5.85
非金属	993.30	67.84	6.83
其他	4.29	0.23	5.36

以上统计数据表明:2007年全国工业企业平均税费率为4.61%,而同期全国矿业税费率则为10.28%,竟高出122.99%。由此可见,我国矿山企业税费负担过重,乃是当前普遍存在的问题。这些问题导致矿业较之一般国有工业企业亏损面大,严重威胁矿山企业的生存。

我国多数矿山的负债经营其原因固然是多方面的,有资源条件原因、体制原因、管理原因和价格原因。但是矿业税费负担过重却是多种原因中直接导致矿山亏损的主要原因之一。导致我国矿山企业税负过重的主要原因有二：其一，我国矿业税种除与一般工业企业所共有的主要税种如增值税、所得税以及各种附加税外，还负担了矿业行业特有的税种，如资源补偿费、资源税、矿地使用费、矿业权价款等费税项目，从而增加了税负水平；其二，在增值税的计征中，虽然矿山企业为承受资源有偿使用而付出代价，但在其"进项税额"中，因缺失"外购原材料"一项而减少了相当一部分可抵扣税额，导致矿山企业的增值税税负由此高于一般工业企业。

二、资源税调节功能既低效又滞后

众所周知，矿产资源的稀缺性及其自然地质条件和禀赋千差万别，一矿一样，各具个性特色，其所处的区位的经济地理条件也各不相同。矿山企业在这种资源的天生差别中，其经营结果必然产生收益上的级差。为了保证矿山企业的公平竞争，国家将调节矿山级差收入的主要功能寄托于资源税税种。根据《中华人民共和国新税制通释》对资源税的解释，立法依据有五条，一是促进国有资源合理开采、节约使用、有效配置；二是合理调整由于资源条件差异而形成的级差收入，促进企业在同一起跑线上公平竞争；三是为国家取得一定的财政收入；四是有利于正确处理国家与企业、个人之间的分配关系；五是有利于实行分税制。但在实施过程中，仍然出现了不少问题。

三、从量计征或从价计征中税基选择的不合理

我国从1994年开始实施资源税从价计征改革，至今除了少量的资源税实施从价计征的计税模式以外，资源税从量计征仍旧存在。资源税从量计征的计税模式在其存在的时间里，不可否认，它有其存在的必要性。资源税从量计征的优点是税收征管的成本低且税收征管工作简便易行。在资源税从量计征的情况下，企业应缴纳的税收数量只与资源的数量挂钩，资源税的征收是以资源的销售量或自用量为标准，并不与资源的价格挂钩。在市场经济条件下，由于资源的稀缺性和不可再生性，导

致资源的价格大幅度上涨。在这种计征方式下，很难体现出资源的稀缺性，也不能很好地发挥矿产资源的社会效应，同时也会对环境造成一定破坏。

从2010年起，我国陆续开始了资源税从价计征改革。目前，我国的石油、天然气和煤炭的从价计征改革已经开始实施。资源税从价计征改革符合我国市场经济发展的现状与要求，也是对国外矿山企业法律制度的合理借鉴。资源税从价计征的计算公式是：应纳税额=销售额×适用税率，从其计算公式可以看出，资源税的从价计征将税收与市场和资源价格联系起来，充分发挥税收对资源产品的调节作用，有利于实现资源产品价格与价值的统一，也符合市场经济的价值规律。因此，资源税从价计征具有从量计征无可比拟的优越性。

但是，资源税的从价计征也并不是完美的，从资源企业的角度来看，却增加了它们的负担。一是资源税从价计征的计税模式所针对的仅仅是已经出售的资源，对于已经开采但未出售的资源不需要纳税，这可能也会导致资源的盲目开采和资源的浪费。二是资源税由从量计征改为从价计征之后，对于一些获利较多的大企业来说，他们承担的资源税负担增大，这可能会导致税负较重的企业通过寻求关联交易或者内部交易来降低自己的成本，这也不利于市场的健康发展。三是资源税从价计征没有考虑资源的回采率，这可能造成企业在生产过程中出现选择地开采生产、开采更加容易开采的矿产以降低生产成本的现象，这就容易导致资源不必要的浪费。

四、现行资源税的计征方法注定难以起到针对性的调节矿山级差收入的作用

首先，矿山的级差收入来自矿山自身的具体条件，具有明显的个性特征。而现行资源税的征收办法则是根据《资源税税目税额幅度表》，其规定了不同矿类的税额幅度控制范围。同时又根据《资源税税目税额明细表》和《几个主要品种的矿山资源等级表》将征收对象纳入与某一条件类似的征收系列中予以计征。这种做法表面看来似乎顾及了矿山级

差条件，实质并未直接反映具体矿山的个性特征，因而大大降低了有效调节的应有作用。其次，上述税目税额幅度的制定以及矿山资源等级的选定都需大量的统计和测算，费力、费时，一旦确定，难以及时调整，因而，当面对多变的市场条件和同一矿山企业处于不同发展阶段（企业生命周期）或同一发展周期出现了矿产地质条件与市场条件的重大改变时，往往凸显出反应滞后，无可奈何。在这样的条件下，那些设定的税目税额和主要品种的资源等级税额标准等固定的、僵化的框架标准基本失去了调节作用。20世纪90年代后期，我国煤炭、铁矿、有色金属矿的矿产品价格持续低落，造成这类资源矿山的普遍亏损，甚至全行业亏损，矿山企业被迫长期负债经营。在这种形势下，国家财政主管部门不得不发文通知减征资源税。财税字〔1997〕82号文："关于减征冶金独立矿山铁矿矿石和有色金属矿资源税的通知。"原油、天然气、煤等矿种也都有相应的减征通知，见所附表一览，减征幅高达20%~30%。自21世纪初以来，石油、天然气、铁矿石、有色金属矿产品价格出现了全球性的持续暴涨。面对这类矿山的暴利，资源税无可作为，完全失去调节作用，人们惊呼全民财富的流失。于是财税主管部门又不得不于2004年起，经2005年、2006年直至2007年连续发文大幅增调资源税，其中煤炭税额调高1~5倍，取消有色金属矿资源减征30%的优惠政策，铁矿石也调高了征收额，2007年对铅、锌矿石的税额标准，甚至最多提高3/5倍（见表4-3）。这种依靠行政发文的形式实现对矿山企业的持续大幅盈亏的阶段性调节，充分反映了资源税反映条件变化的迟钝、滞后和自身调节级差的低效、甚至无效。❶ 由此可见，作为矿产资源有偿使用制度的核心和调节矿山级差主要手段的资源税，客观上已面临必改的局面，因而，也是我们这轮"矿产资源法"修改中矿产资源有偿使用制度和税费改革的主要对象。

---

❶ 王广成，曹善春，谷建国，李际.论矿业税费改革[J].煤炭经济研究，2000(6).

表4-3　2005年前后资源税调整变化一览表

矿种		2005年前资源税额情况			2005年后资源税额情况		
		按规定税额标准	适用范围	调整税率（%）	按规定税额标准	适用范围	调整税率（%）
原油（石油）		减征30%	东北老工业基地部分矿山油田企业		14~30元/吨	全国	
天然气		2~15元/吨			7~15元/吨	全国	
煤		2~4元/吨	河南、安徽、宁夏、重庆、贵州、云南、福建、山东		2.3~3.2元/吨	陕西、江苏、江西、黑龙江、甘肃、辽宁、河北、四川	+100~+400
		2.5~3.6元/吨	内蒙古、湖南、湖北、广东		2.5~3.6元/吨	内蒙古、湖南、湖北、广东	+39~+580
黑色金属	铁矿石	减征40%	冶金独立矿山企业	-40	按60%征收	全国	+50
		减征20%	冶金独立矿山企业	-20			
	锰矿石	2元/吨	全国		6元/吨	全国	+200
有色金属		减征30%	冶金独立矿山企业	-30	全额征收	全国	+30
盐矿		10元/吨	天津塘沽盐场	-17	15元/吨	北方海盐	地下天然卤水晒制的海盐和生产的井矿盐
					10元/吨	南方海盐、湖盐、井矿盐	
					2元/吨	液体盐	
					20元/吨和12元/吨	地下天然卤水晒制的海盐和生产的井矿盐	

自2004年起，国家分批调整了煤炭、石油和天然气的资源税税额，煤炭税额的调整幅度虽然高达1~5倍，具体金额也只是每吨提高了1~3元，与每吨数百元的煤炭价格相比，可以说是微乎其微，很难对煤炭的

开采和使用产生什么影响。

2005年12月12日，《财政部、国家税务总局关于调整钼矿石等品目资源税税政策的通知》。取消对有色金属矿资源税减征30%的优惠政策，恢复按全额征收。调整对冶金矿山铁矿石资源税减征政策，暂按规定税额标准的60%征收。调整钼矿石和锰矿石资源税适用税额标准。

2005年12月12日，《财政部 、国家税务总局关于调整湖北等省煤炭资源税税额标准的通知》，各省调整标准不一。

2005年12月12日，《财政部、国家税务总局关于调整天津塘沽盐场资源税税额标准的通知》，自2006年1月1日起对利用废水制盐的塘沽盐场暂减按10元/吨征收应缴纳的资源税。

2006年12月5日，财政部、国家税务总局关于调整广西壮族自治区煤炭资源税适用税额标准的通知，决定自2006年12月1日起，将广西壮族自治区煤炭资源税适用税额标准统一提高至每吨3元。

2007年2月1日，中国国家税务总局对焦煤和盐的资源税进行调整，这是继石油和煤炭之后，中国再次对矿产资源税进行调整。国家税务总局通知称，将焦煤的资源税适用税额标准确定为每吨8元。通知称，此次调整旨在促进焦煤的合理开发利用。此外国家税务总局通知称，为支持盐业发展，自2月1日起对盐资源税进行调整，下调了海盐、湖盐、液体盐和部分井矿盐的资源税。

2007年7月5日，财政部、国家税务总局财税〔2007〕100号《关于调整铅锌矿石等税目资源税适用税额标准的通知》，根据铅锌矿石、铜矿石和钨矿石的市场价格以及生产经营情况，为进一步促进其合理开发利用，经研究决定，自2007年8月1日起，对上述三种矿产品资源税适用税额标准做出调整，最多提高了15倍，是资源税调整幅度最大的一次。

第五章　我国矿业税费制度改革的方向与路径

第一节　我国矿业税费制度改革的方向

以主流的、普适的理论为指导，借鉴国外成熟有效的经验与做法，在基本保持现行税制和利益格局，力避引起过大震荡的前提下，有重点地通过正名、明义，合理调整税费关系、计征方法和分配方式，逐步理顺、完善我国的矿业税制，进一步维护矿产资源所有者和使用者权益，以促进我国矿业和谐、稳定和可持续发展。

据此，在具体改革设想中，我们立足于以下两个基本点。

1. 矿产资源有偿制度的核心内容是矿租加矿产勘查投入

所谓矿产资源有偿使用，一是指矿产资源使用者（业主）因开采（耗减或耗竭）矿产资源而向矿产资源所有者（矿主）以矿租形式进行的补偿，补偿的经济内涵是矿山的超额利润，体现为矿山的绝对收入（转化为绝对矿租）和级差收入（转化为级差矿租），并以级差矿租为主体，绝对矿租则体现所有者对使用者使用其所有物的一种绝对征收。在理论原则上，倘矿山不存在级差收益，则除征收绝对矿租外，不应有其他额外的征收。我国矿产资源有偿制度的改革重点在于抓住级差矿租主体，力争资源税归位，彻底扭转"以税代租"的局面。

二是对矿业活动一般程序中不可或缺的矿产地质勘查投入的补偿。这部分补偿与矿产资源自身的"价值"补偿在经济内涵上有本质区别，它属于"土地资本"一类的性质，是在矿产开发的前期，通过矿产地质勘查活动为矿山开发准备资源的一项资本投入。由于矿产勘查的高风险性和由它所提供的矿产资源存在的远景，对矿产资源存在的确定认识及其工业开发条件的评价，而对这部分投入进行溢价报偿。但从理论上讲对它的报偿不应与矿租混同，更不应侵占矿租。曾有人提出，国家通过"矿产资源补偿费"的收取，导致所有权的经济实现，其余则按"谁投资，谁受益"原则进行分配。鉴于"矿产资源补偿费"并不涵盖全部矿山的剩余利润，遵行这一原则的结果，势必侵占了部分矿租，而以勘查投入占矿山开发总投资的比例去分割矿租则更不妥当。

2. 我国现行的矿业税费制度应当基本肯定并作为改革的基础

我国现行的矿业税费制度基本可与国外制度相对应，并都可用地租理论说明其经济性，因此，应该予以基本肯定，这套税制的施行对结束我国新中国成立以来矿产资源无偿使用制度，促进国有资源有效配置、合理开采、节约使用，确保国家取得一定财政收入发挥了积极有效的作用。但同时也不能不看到现行税制在税费关系、计征方法和分配方式上都必须按上述基本原则有重点地进行调整、理顺、恢复其原本该有的内涵和经济关系。为此，我们对改革的设想可按两个类型的方案进行具体设计：第一方案，基本保持原有制度不变，只是根据费税性质及国际惯例适当改名，并调整费率。第二方案，根据我们对有偿问题的理论认识和由此确立的基本原则，以及国际实践经验与发展所提出的彻底改革方案。可以将第一方案视为过渡方案，待时机成熟，再进一步实施第二方案，也可直接选择第二方案。

第二节 我国矿业税费制度改革的路径

一、第一方案

主要思路为保留原有矿产资源有偿制度的基本框架，只将"资源补偿费"代之以"权利金"，矿业权"价款"更名为"出让金"，并将两项矿业权"使用费"划出资源有偿使用制度之外，纳入矿业权用地范畴。

1. 建立权利金制度

（1）权利金简介。

权利金是矿产开采人向矿产所有人因开采矿产这一不可再生资源而支付的赔偿。从其经济性讲，权利金是对绝对收益的收取，属于绝对矿租，体现所有者对矿产资源的所有权。目前，世界上除墨西哥、智利、秘鲁等少数几个拉丁美洲国家外，几乎所有的国家，如美国、澳大利亚等矿业大国都征收权利金，有从价计征也有从量计征，但其基本含义一致。在我们的税费改革第一方案中，以权利金取代原本经济含义相同的"资源补偿费"仍然以独立的形式实现对绝对矿租的收取，具有与国际接轨的积极意义。

（2）立法理由。

第一，权利金制度简单，费率透明，易于管理。权利金的计征与管理有别于一般税收的征管，是一个较为"专业"的领域，由税务部门征管的"交易成本"太高，所以权利金的征收主体绝大多数国家都由代表所有权人利益的政府部门（矿业主管部门）进行。如美国由内政部矿管局征收；澳大利亚、加拿大由各州矿产能源部或矿业部征收；南非、印度尼西亚、印度等国均由其矿产能源部征收。征收权利金是各国矿产资源管理部门的一项重要基本职能。

第二，权利金制度能保证国家稳定收入，使国家对矿产资源的所有权在经济上得以部分实现。即使是在矿产早期生产阶段或处于矿业企业低利润年度，从返本期、返本后到衰竭期甚至耗竭关闭期，国家都能稳定地得到此项的财政收入，从而易于实现国家对税收的稳定偏好。

第三，权利金制度能防止矿山企业浪费矿产资源。权利金要求耗竭性资源的使用者支付机会成本，适当透明的权利金费率可以让企业预先计算应上缴的权利金金额，从而审慎使用矿产资源，减少浪费，加强对资源的合理、充分利用，促进矿山企业关注提高资源的综合回收率。

综上考虑，权利金的优势显而易见。但是，我们也应该注意到，不论是从价征收还是从量征收，权利金的征收都和利润无关，因此是非中性的。其直接结果会影响企业成本，还可能导致矿山企业采富弃贫，改变生产规划和经营决策，甚至降低矿山企业国际竞争力。

（3）具体立法建议。

第一，权利金费率不宜过高。较高的权利金费率可导致矿山边际品位提高，可采储量规模减小，企业为了调节利润从而产生扭曲矿山生产规划和经营决策的现象。因此，我们认为，在我国矿业税费新一轮改革中设置所有权最低经济实现——权利金，来保证国家稳定财政收入是必要的，但考虑到权利金的非中性所带来的问题，所定费率不宜过高，否则负面影响会过大且不易控制，这是从结果来看待问题。倘若源头从地租理论我们也可理解因为绝对矿租来自矿产品价值高于其生产价格的余额，此余额受制于"价值"，必然不会太高。我们看到国外设立权利金的国家除石油、天然气与煤等利润高的矿产其权利金费率较高，其他矿产一般都定在1%~5%。我国资源补偿费费率也普遍定在1%~4%还是比较适当的。

第二，权利金的设置适当与利润挂钩。为了避免权利金非中性负面影响，一般实行权利金制度的国家多设置低税费率，以保证资源所有权的最低经济实现。这一制约在没有其他征收形式的条件下，往往导致资源租金的流失。这就引发国外一些主要矿业国家采取权利金与利润挂钩的做法成为自20世纪末21世纪初以来的世界性趋势。一时出台了"超权利金""附加权利金""净利润权利金""附加利润税""资源租金权利金"等诸多名目的征收。这些名目的经济含义不明，其中只有"资源租金权利金"（或称"资源租金税"）一项才真正明确了是按矿租的关系对矿山剩余利润，也即对矿山绝对收益，主要是对级差收益的一部分或全部的征收。所谓与利润挂钩，作为所有者权益的应得份额也只能是矿山的超额利润。这样我国"权利金"的改革方向，不外有两种选择：①含义混沌地从矿山净利润切分一块过来，构成带附加额的权利金；②遵循地租理论，按矿山剩余利润的高低，按单率或分档累进定律差别征收。从征收依据、计征方法及其效果看，第一种方法简单、易行，但过于粗放，且缺少理论依据，虽然可为国家增加税收，但其合理性有待商榷，且一旦形成既成事实后，可能成为进一步深化改革的又一障碍。第二种方法理论依据正确，其经济内涵实质上已类同于1984~1986年实施的"资源税"的"超率累进税率"法。但比起现行"资源税"的计征方法，其调节功能明显具有直接、及时、有效的优势，因此，可以作为第一方案的基本形式，更可为今后深化改革过渡到第二方案奠定良好基础。

由于权利金与矿山超额利润挂钩，必然会与同一征收对象的"资源税"相重叠，因而不可避免地要对"资源税"做出相应的同步调整。我们之所以推荐权利金的这一设置是出于以下的考虑：由于"资源税""以税代租"所引起的分配层次错位，以及税收"三性"的制约，决定了"资源税"在调节矿山级差收益方面难以到位、严重滞后，在资源条件、市场条件大幅波动下，表现为调节功能十分微弱，甚至无所作为，所以完全有必要、也有可能趁此矿法修订良机，下定决心，协调各方利益，逐步收回已被"资源税"以地方税的名义侵夺本应归属国家所有的矿山级差收益的征收与调节权能。为不牵扯地方既得利益，暂时只保持其对矿山的已有固定收取，在计征"权利金"折算矿山剩余利润时，这笔固定收取将作为矿山的成本开支从现金流中扣除。倘若第一方案继续深化改革，过渡到第二方案，则在此基础上将"资源税"改名"采掘税"，其功能使之转换为对矿山采掘活动收益的部分分享及其社会负面影响的差别调节（详述可见以下第二方案）。

2. 改革资源税

（1）改革思路。

关于"资源税"的经济属性和存在的问题，在前边的有关章节中已经作了初步分析，并强烈主张改革我国矿产资源有偿制度的关键环节在于切实地解决资源税的错位问题，扭转"以税代租"的局面。但是，由于诸多众所周知的原因，迈出这步困难重重。同时，从长远看，从维护国家所有者权益、促进矿业发展的角度考虑，我们又不能不在妥协中求进展，将一些不合理的部分暂时保留，尽量避免进一步的逆势发展，造成积重难返，也作必要的、适当的调整，为以后过渡到根本性的改革稍作铺垫。

（2）具体立法建议。

第一，保持资源税原貌，但对计征方法需适当调整，对资源补偿费的征收目的、征收方式等进行完善。

改变现行的资源税征收管理办法，由按产量大小计征改为按动用地质储量和实际回采率计征，并且实行差别税(费)率进行调节。具体计算方法是根据每一个征税期间动用的地质储量和实际产量计算出回采率，并与核定的回采率比较。征税期间实际回采率(A)＝征税期间实际产量/征税期间动用的地质储量×100%；核定回采率为B。若A＝B，则按B计征税费；若A＞B，则按优惠税(费)率计征；若A＜B，则按处罚税(费)率计征。其中，优惠税(费)率和处罚税(费)率应根据实际情况进行确定，总的原则是要起到奖优惩劣的作用，从而杜绝资源的浪费。从以上可以看出，改革后的资源税征收办法通过矿山企业实际回采率与核定回采率之间的比较来选定资源税幅度税额的调节系数，取大于1的系数以惩劣，取小于1的系数以奖优，从而鼓励企业通过提高资源回采率来降低自身税费负担，抑制企业"采易弃难""采富弃贫"及以多耗资源为代价换取低成本、高利润的投机方式，既有利于保护资源，又利于企业之间的公平竞争。

定期调整资源税的等级幅度税额标准，即继续实行按分产品类别从量定额计征及等级幅度税额标准的征收方法，但应定期如每隔三年根据矿山资源条件和市场条件的变化，修订矿产资源等级幅度税额标准，必须指出，为了避免对矿租的重叠征收在采用本方法征收资源税时，对"权利金"的征收只应按简单的从量从价方法计征，不可用所推荐的与利润挂钩的做法。

第二，对于资源税的名称和计征方法全都不变，锁定于现状况、现水平。

之所以做出这种锁定，一是仅仅为了不触动资源税作为地方税的地方既得利益；二是从实质上改变资源税的属性和权能，即取消资源税对矿山级差收益的调节功能，从概念上纠正其"以税代租"的错位。只当成是以资源属地身份由国家对因矿业开采活动所造成的负面影响而进行的一项补贴和利益分享。同时将这调节功能转移到本方案按每个矿山计征的改革后的"权利金"身上。在实际运作中，为避免这两项改革引起矿山企业税负加重，对采用"超率累进费率"计证的、改革后的"权利金"的全部应收费额中，需从中扣除上述锁定的"资源税"税额，只征收其余额部分。这两种做法都将为"资源税"过渡到第二方案创造必要的有利条件。

3. 建立矿业权出让金

（1）矿业权出让金简介。

矿业权出让，是指国家以矿产资源所有者的身份，依法以批准申请、招标、拍卖等方式将矿业权（探矿权、采矿权）在一定年限内出让与矿业权人，由矿业权人向国家支付矿业权对价的行为。或在二级市场，由矿业权人通过交易，转让矿业权向受让人所计取的权利资费之行为。

矿业权的出让对象既包括国家出资形成的探矿权、采矿权，也包括国家以外其他的社会组织或个人出资形成的探矿权、采矿权；在一级市场，矿业权出让的主体是国家，受让的主体是矿业权人；在二级市场，则体现的是矿业权人与矿业投资人在交易市场中的矿业产权转让。矿业权必须依法定条件、按照法定程序依法出让，矿业权的出让以获取矿业权出让金为对价。

（2）立法理由。

第一，矿业权出让收取出让金符合物权理论和法律关系理论。民法上的物权包括自物权和他物权，他物权是由自物权派生出的物权，是一种来源于自物权，又与自物权分离具有相对独立性的物权。就矿产资源物权来说，包括矿产资源所有权和矿业权（探矿权、采矿权）。矿业权是由矿产资源所有权派生的他物权，矿业权可以与矿产资源所有权分离并保持自己相对独立。而他物权与自物权的分离，往往通过出让的方式来实现，矿业权出让收取出让金符合物权理论。法律关系理论是法学的核心理论，法律事实特别是法律行为是法律关系变动的原因，即通过法律行为引起法律上权利、义务的变化。而矿产资源所有人的出让行为，必然引起矿业权的变动。因此，矿业权出让收取出让金符合法律关系理论。为了培育、规范矿业权市场，根据《中华人民共和国矿产资源法》《矿产资源勘查区块登记管理办法》《矿产资源开采登记管理办法》和《探矿权采矿权转让管理办法》，国土资源部于2000年11月1日发布国土资发〔2000〕309号文件，颁布实施《矿业权出让转让管理暂行规定》。该规定第17条规定，以批准申请方式出让经勘查形成矿产地的矿业权的和以招标、拍卖方式出让经勘查形成矿产地的矿业权的，登记管理机关按照评估确认的结果或按照实际交易额收缴矿业权价款。因此，矿业权出让收取出让金是矿业权出让收取矿业权价款的一种名称上的改变，其实质内容没有变化。

第二，借鉴土地使用权出让的立法与实践。1990年5月19日颁布的《城镇国有土地使用权出让和转让暂行条例》第8条规定："土地使用权出让是指国家以土地所有者的身份将土地使用权在一定年限内让与土地使用者，并由土地使用者向国家支付土地使用权出让金的行为。"

1994年7月5日颁布的《城市房地产管理法》第7条规定："土地使用权出让，是指国家将国有土地使用权（以下简称土地使用权）在一定年限内出让给土地使用者，由土地使用者向国家支付土地使用权出让金的行为。"

由于矿产资源与土地资源都具有自然资源的共同属性，因此，矿业权的出让可以借鉴土地使用权出让的某些成熟的经验和做法。

（3）立法建议。

征收主体由国务院地质矿产主管部门登记管理机关收取，全部纳入国家预算管理，不宜实行层层委托收取的办法。

征收方式有两种：①申请批准；②招标、拍卖、挂牌。

通过以上两种方式所得评估、竞价、确认的矿业权"出让金"（或"探矿权价款""采矿权价款"）收取主体不仅限于国家投资部分，在今后勘查投资多元化的前提下任何投资主体都应享有同等权利。

出让金的分配应当兼顾国家、矿业权人和矿产属地的利益，即要体现出国家利益主体地位。对于探矿权人、采矿权人来说，应该享受相对完整的法人财产权所带来的投资利润和风险回报；对于矿产属地来说，由于只要对矿产资源开采，一般都会对当地农民的土地权利和生存环境权利构成破坏，特别是开采一些砂石、黏土等矿产资源，更会破坏耕地和地貌，类似一种非农占用，因此，地区和农民应该从中得到补偿。

在矿业权一级市场的收益中，对于关系到国防安全或者对国民经济具有重要价值的重要矿种，如铀、钾盐、石油等，由国土资源部代表国家行使所有者职责，可按照国家70%、省级20%、县级10%的比例分配；对于在国民经济中具有较重要价值的一般矿种，由省级矿产主管部门代表国家履行所有者职责，其收益可按照国家20%、省级50%、县级30%的比例分配；对于中小型非金属、砂石等矿种，由县级矿产主管部门代表国家履行所有者职责，其收益按照国家10%、省级20%、县级70%的比例分配。

各级政府按比例分配得的矿业权出让金应全部转入矿业基金，用于支持矿产勘查投入，开发矿业生产新技术，改善矿山安全、劳保条件以及矿山闭坑后原地复垦、基地转移、产业转型等有别于一般工业企业的特有花费。

（4）立法缺陷。

以"出让金"取代"价款"必须认识到，在概念的涵盖上，后者要比前者更宽泛，"价款"只是针对某项交易对象的计价与标价，不涉及产权转换的实现方式。而"出让金"则明显指的是产权转换以出让的形式实现。如此，对于那种需要计价，但并不涉及产权转换的项目而言，如由国家投资矿产勘查形成采矿权，又以一定计价方式转为参股收取股利——红利。参股意味着共同开发是与"出让"的概念不相符合的，可见，税费名目的更改，不能不慎重、周全。

二、第二方案

1. 立法建议一："两租合一"为资源租金，以"采掘税"置换"资源税"

（1）资源租金简介。

在我国现行矿业税费中，体现矿产资源自身有偿使用原则的税费种类主要是"矿产资源补偿费"和"资源税"，鉴于这"一税一费"构成了矿产资源有偿使用主体，且因租、税错位，引发了诸多问题，产生了许多歧义，所以它们将不可避免地列为本轮税制改革的重点。

矿产资源有偿使用的本质是矿主（矿产资源所有者）向业主（资源使用者）收取"矿租"，亦即通过"矿产资源补偿费"收取矿山绝对收益——绝对地租，通过"资源税"收取矿山级差收益——级差矿租。对它们经济性的理论分析与界定已如前述，也是多数专家学者和业内人士的基本共识。然而，令人遗憾的是，长期以来，由于部门职权分工和地方利益的局限，致使当事人明知其中的矛盾和不合理，也不愿作根本性的改革，时至今日，当我们再次修订矿产资源法时，不能不从国家整体利益出发，坚持原则，排除障碍，彻底摆脱"以税代租"的误区，通过税费合并，实现"两租合一"。

（2）实施路径。

考虑到这项调整涉及多方面的既得利益，为了不致引起很大的震荡和阻碍，在其具体改革操作中，尽量不触动现有利益格局，采取渐进改革、逐步到位的路径分阶段完成。

第一阶段，首先，锁定"资源补偿费"和"资源税"的现行计征方式和分配方式不变，也即暂不改变矿山企业的税负水平，仍以资源税加资源补偿费为其上限额度。对地方财政收入也仍以资源税加资源补偿费的1/2为其下限，以保持总体利益格局不变。但因"资源补偿费"是矿租的一部分，可改名为"矿产资源租金"（简称"矿租"），从而实现正名，这也是矿产资源主管部门本身能够做到的事情。这阶段以一年为期，主要改革任务是结合我国财税制度，借鉴国外经验，设计出合理的矿租费率以及能充分反映矿山个性、体现国家产业政策、矿业优惠条款以及矿产开发中所引发的各项外部性的内化等因素，客观、全面地建立起矿山现金流结构模型，计算矿山剩余利润，为规范矿租计量奠定坚实基础。这时期的工作主要在于沟通有关部门，特别是财税部门，在取得共识的基础上，调整、建立相关规章制度、测算有关数据。其次，通过统计、分析制定出反映个别矿山生产对矿区和社会带来负面影响的性质、范围、程度、可持续性的差别贴补系数，根据这些负面影响差别贴补系数，以便改革实施后有针对性地通过租金退让，返回有关地方政府。这一阶段实质上是一个准备阶段，其必不可少的中心任务是协调关系、沟通思想，调查研究、收集分析实际数据，建立合理可行的计征方法与回补方案。

第二阶段，颁布已设计完备的矿产现金流结构标准模型，并根据此模型计征矿山企业的应缴矿租。同时，改"资源税"为"采掘税"，其概念将从调节"矿山级差"转换为针对矿山采掘活动所造成矿山收益和社会负面影响的一项中央和地方的利益分享和对地方负面影响的贴补。分享和贴补额的基数可按资源采掘量（矿山产量）以一定分享比率和负面影响差别贴补系数综合求值，所得税额的基本特点可相似于从价权利金（资源补偿费）的计征方法。所不同的是，资源补偿费计算模型中以综合回收率参数折算来鼓励充分利用资源，此处采掘活动的差别贴补系数则是按矿山开发的影响条件，有区别地给予资源所在地的一项补贴。"采掘税"的费率和差别贴补系数应以划归地方的原有资源税的全部税额加上原有"资源补偿费"划归地方50%的额度作为其转换成采掘税费率与差别贴补系数的取值下线。

这一做法意味着，国家的部分矿租向矿产属地贴补由矿山采掘活动所造成的负面社会影响，是项主动让利。由"采掘税"置换"资源税"实质上是改变了这一税种的经济性，从概念上使之与矿山级差收益即资源租金脱钩，归入行为税范畴。尽管国家是从矿租中切分出这项补贴，但不能就因此归入矿租范畴。

这样做因矿山企业只交从量从价税金，税负大大减少了，地方则因受到差别补贴而总体税入不变。税率与差别补贴的下限规定实质上在确保中央与地方久已形成的利益格局，从而避免改革震荡，减少改革阻力；同时也真正体现了国有资源资产的保值与增值，减轻了矿山企业税负，提高了这一改革的现实可行性。

（3）资源租金税的主要构成要素。

对巴布亚新几内亚和澳大利亚"资源租金税"的剖析是对Robert F.Conrad的《资源税收报告》及张新安、杨培英、魏铁军主编《现代市场经济国家矿业税收制度研究》材料的综合分析。

资源租金税作为权利金的一种形式，只有当矿业经营实现一个基准收益率（Hurdle Rate或直译为栅栏收益率）时才能发挥作用。资源租金税包括三项主要要素。

第一，矿山现金流结构的设计。重点在于对矿山现金流中可扣减支出的合理规定：指在矿山现金流中从销售收入项目内可扣除的部分。一般包括具体矿山建设资金支出、矿山经营成本，还包括矿产勘查成本在内的各项建设前期费用的先期注销，允许资本支出在发生年全部注销，发生的累积亏损按规定利率无限期后移。在巴布亚新几内亚，计算附加利润时可扣减支出反映在现金流中为：

$$NCF=Y-D-C-Ex-P-T-I$$

式中：NCF——净现金流量，Y——当年销售收入，D——经营成本，C——当年的允许资本支出，Ex——当年及前11年内的勘查支出，P——所得年购置的所有设备，T——公司所得税，I——零部件、矿产品及消耗品存货的增加，为了补偿生产开始前的支出所必须承担的利息，若利率为R，则：

$$NCF=A×(100\%+R)+B$$

式中：A——生产开始前所有时期的净可税现金收入，B——所得年净可税现金收入。

若项目涉及外汇的使用，还应进行外汇汇率调整。即外汇汇率乘以F/E，F——所得年两种货币的买进和卖出平均比率，E——前一年两种货币的平均买进和卖出比率，则：

$$NCF=F/E\times[A\times(1+R)+B]$$

第二，折现率。一般采用基准收益率为贴现率。这一基准收益率一般由政府确定或通过采矿合同谈判确定，其标准应足以补偿公司投资于一个无风险行业的机会成本，并有一个附加溢价以补偿投资于矿业部门的特殊风险，因此，它是一种风险调节利率。针对不同矿产品（矿种）在不同时期、不同地区，国家所定基准收益率可能不同，这主要取决于对风险水平的评价，并以一个国家或工业部门的经济技术发展水平、社会平均利润率水平以及吸引矿业新投资所需要的收益率等为制定依据。资源租金税一般按具体项目不以整个公司计征，只有当项目收入、支出的贴现累计超过基准收益率时，税收才可生效，也即资源租金税才可征收。

布干维尔铜矿业协定，所取基准收益率为15%，以使用资金的年收益率为基础作比较。

巴布亚新几内亚资源租金税基准收益率为20%或美国AAA长期商业债券利率加12%，石油资源租金税所取准基收益率为27%，均以项目服务年限内内部收益率为基础作比较。

澳大利亚海上石油资源租金税所取基准收益为联邦长期债务利率加5%，以项目服务年限内内部收益率为基础作比较。

BORROW岛资源租金税所取基准收益率为联邦长期债务利率加15%，以项目服务年限内内部收益率为基础作比较。

ROXBY DOWNS工作合同所取基准收益率为联邦长期债券利息的1.2倍，以所使用资金的年收益率为基础作比较。

ROXBY DOWNS工作合同中基准收益率为联邦长期债券利率的1.2，资源租金税（RRT）税率取决于利润率，为扣除公司税之后利润的0~15%。

此外，博兹瓦纳以股本现金流为附加利润税的基础。加纳按1985年附加利润税法以25%的税率对每个税收年限末的累积现金余额值（净现金流）计征。

莫桑比克虽无专门的附加利润税条款，但在矿业公司的签订合同中则有类似的协约，即：

一旦净现金流超过了该公司预先商定的收益率的需要值，则原则上应付附加利润税。

坦桑尼亚、斯威士兰、所罗门岛等也与莫桑比克相同。

第三，资源租金税税率。当项目各年收入和支出通过基准收益率折现取得正净现值时，表明项目盈利已超过投资的一般目标，并取得了超额利润，这时应按规定费率针对所有利润计征资源租金权利金（或税金）。

（4）税率的选择。

计征资源租金权利金的适用税率在巴布亚新几内亚和澳大利亚的实际应用中较为复杂。

在巴布亚新几内亚达到基准收益率20%之后的租金费率计算需按下式确定：以(100%-N)，N为当时适用的公司所得税税率，按规定为35%，则资源租金权利金费率(超额利润税税率)将在原所得税35%的基础上增一附加值：(100%-35%)×35%=65%×35%=22.75%，即(35%+65%×35%)=57.75%，此即为资源租金费的边际费率，根据同一算法，希干维尔铜矿业协定中基准收益率15%，租金权利金费边际费率最高可达70%。而巴布亚新几内亚石油资源租金税基准收益率为27%，公司所得税税率59%，RRT税率为扣除公司所得税之后收入的50%，有效边际利率为79.5%，在澳大利亚海上石油的资源租金权利金制度中，资源租金税基准收益率为联邦长期债务利率加5%对税后现金流按固定的40%税率征收。若公司所得税税率为39%，则有效边际税率：39%+（100%-39%）×40%=39%+61%×40%=63.4%。巴布亚新几内亚的资源租金税率若达到澳大利亚的63.4%的边际税率，则其所得税税率将增至58.8%。即58.8%+（100%-58.8%）×（70%-58.8%）=58.8%+41.2%×11.2%=63.4%。

（5）立法建议资源租金立法建议的说明。

第一，资源租金的计量的目标、方法、理论基础具有科学性。

在资源租金的计量中，合理租金费率和矿山现金流结构的设定可将矿产资源有偿问题中国家产业政策、采矿活动的社会环境影响等宏观层面问题与矿山具体经营条件、经营状况、盈利水平等具体的、个性的微观层面问题直接地、有机地结合在一起，落实到每个具体矿山和每个具体矿山的不同生产阶段所面对的不同资源、地质条件和市场条件下的应纳矿租。

从国外已经较好地实施"资源租金权利金"或资源租金税的矿业国家如巴布亚新几内亚、澳大利亚的具体做法中我们可以看到，在其现金流的设计中为鼓励矿山企业对勘查的投入允许当年的勘查支出以及以前11年内的勘查投入均可作一次性的扣除，为了促进矿业企业的技术更新，当年的资本支出、设备购置在发生年可全部注销。对发生的累计亏损可按规定利率无限制的移后，这就在如实地反映了矿山企业所面临的除市场条件、经营条件等一般条件的变化外，还考虑到了矿业所特有的遭遇不同矿产、地质条件所引发的采矿成本、产量、产品质量的变化，而给予相应的财税制度支持。

在合理地设置了矿山现金流基本构架的基础上，进一步对资源租金进行计量时，主要是计算矿山的超额利润（剩余利润）。为此，计算的目标，理论上是通过对资本平均报酬的动态扣除来达到的。一般的做法是以该时期资本平均利润率为基础，附加矿业所特有的风险系数和通胀率，合为基准收益率（或称栅栏收益率），用于对矿山现金流的折现。只有当按照基准收益率（栅栏收益率）进行贴现累计值大于零时，才可按规定费（税）率征收矿租。这个基准折现率在巴布亚新几内亚是以美国ＡＡＡ长期商业债券利率附加12%，共约20%。在澳大利亚则为联邦长期债券利率附加5%~15%（或1.2倍），一般都在15%~20%。经过折现的矿山现金流所得累计净现值，倘为大于零的正数则意味着在矿山经营活动的整个收益中业已扣除了对资本的平均报酬，正值净现值恰好反映出矿山的剩余利润，这块剩余利润（或超额利润）正是资源租金权利金（税）的征收对象。但是，从巴布亚新几内亚和澳大利亚施行资源租金税的计征方法中我们可以看到，他们并不对这块矿山超额利润进行全额征收，而是规定一固定租金率，与所得税税率相联系，控制在所谓"边际税率"的范围之内，即对矿山企业税前利润，按国家财政（通过所得税）、资源所有者（国家资源产权的报偿"矿租"）以及矿山企业（企业留利或分红）三家大体各占1/3

的比例，实行宏观的分配调控。如巴布亚新几内亚的所得税税率为35%，其边际税率则为[35%+（100%-35%）×35%]=57.75%。澳大利亚石油税制中规定资源租金税对应税现金流按固定的40%的税率征收，即包括资源租金税在内的有效边际税率增加到[39%+（100%-39%）×40%]=63.4%，其中39%为澳大利亚所得税税率，租金税率则设为40%，根据这种对矿山超额利润的分配比例，巴布亚新几内亚最终留给企业的剩余利润为42.25%加上折现扣留的20%，总共分得利润为60%以上。澳大利亚则留给企业剩余利润的36.6%，以及折现扣留的20%左右，达到56%~57%的企业留利。这种留利比例完全符合世界银行向发展中国家所推荐的"一个国家以利润为基础的税收不得超过50%"的阈值标准。倘若根据这项基本的边际费（税）率模型，采用我国现行所得税标准可初步算得边际费率[25%+（100%-25%）×25%]=43.75%，企业留利高达56.25%，倘若认为过多，此时可通过提高租金费率，使之大于25%的所得税税率水平，以实现对矿山利润分配的宏观调控。

通过以上对国外两个重要矿业国家施行资源租金税（权利金）的具体剖析，我们可以进一步认识到。

首先，整个资源租金权利金（税）就其名称和计征方法的基本特征看，无疑是以地租理论为依据，以矿山剩余利润（超额利润）为对象的一项征收。但在具体计征中，为了体现对矿业的扶持与鼓励，对这块矿山的超额利润并不全额收取，而是通过对边际费（税）率的控制和租金税率的选择，合理调整和控制国家公共财政、国家资源所有者与矿山企业之间对剩余利润的分享比例。在巴布亚新几内亚和澳大利亚两国的做法中，通过设定的边际税（费）率，矿山企业可分享全部利润的过半量，受惠匪浅。而我国现行的采矿权出让方法，一般除保留今后矿山生产过程中必须收缴的"一税一费"外，全部采矿权价款（出让金）包括由市场竞价所形成的溢价都要向企业全额收取并要求一次性或在规定的短期内分批收取。这两种做法差距太大，其影响矿业发展的效应，值得我们深思。

其次，通过对边际费（税）率和租金税率的控制与调整，从而确定国家资源所有者和矿山企业之间对剩余利润的分享比例这一思路，充分显示了它的直接、有效的调节作用。用于我国矿业不仅可以直接体现国家对矿业的优惠政策，也可借此经济手段对不同矿类、不同矿种的盈利特点制定不同的租金税率予以公平调节，还可对一些国家保护性限采矿种，采用较高租金税率的方法来降低企业分享比例，甚至全额征收，以补充、改善单纯靠行政手段予以限禁的传统做法。

再次，作为资源租金税（权利金）计征基础的矿山现金流结构设计，既可反映国家对矿业的优惠政策，也可反映采矿活动所引发的种种外部性的内化。它们都将直接地施惠于具体矿山——征收对象，同时也体现了矿山企业应有的承担。我国的现行有偿制度，完全不包含这些因素，甚至背离了"以矿养矿"的原则。当我们一方面面对资源后备基地紧张，急需扩大勘查投入，推行循环经济所必需的技术、装备支持、衰竭矿山的产业转型，以及矿山环境治理、矿地复垦等项目均处于资金短缺的形势下的时候；另一方面却将资源税的全部、资源补偿费的1/2，再将价款的80%划归地方财政的这种"苛于"矿山、"宽于"地方的政策"倾斜"，真不知最终究竟有多少资金可能落实到矿山，用于促进矿业发展。

最后，资源租金权利金（税）的计征方法从表面看似乎很复杂，其实操作起来确是简单易行、规范、透明。因为一旦基准折现率、现金流结构和边际费（税）率设定以后，所有主要财务参数都可从矿山企业经过审核的年度财务报表中取得。对上市公司而言，企业现金流量表更是年报必须公示的内容，这些经过专业核准的财务数据完全可以满足征管部门对年矿租的计算。在计征方法实现规范化管理的条件下，矿山企业自身也可预计这一应缴租额，据此调整企业未来生产经营规划。这样，矿产资源主管部门和财税部门就可将主要精力投向与矿山现金流构成有关的产业政策的制定与具体落实，协调、调整资源主管部门、财税部门、矿产资源属地等关系并改进相应的财税制度，以及根据一个时期的国家产业政策、矿山地质、资源条件、产权市场和产品市场条件的变化，及时调整边际费（税）率及其控制下的租金费率，合理确定企业利润分成比例，从而实现有效的宏观调控。

根据以上归纳，我们在全面分析、比较了国际上各主要矿业国家所施行的矿业税制和我国现行的矿业税费制度后，经过利弊权衡、综合评价，不能不认为在所见各种矿业特有的税费形式中，唯有资源租金权利金（税）从其征收依据、分配方式、计征方法以及管理实施等方面看都应列为最理想的一种体现资源所有权合理补偿的方式。鉴于矿山现金流结构、适用费率和系数，可根据矿山经营条件、市场条件以及国家产业政策适时地进行调整，计征结果必能较好地反映矿山个性及其具体的运营条件。因此，我们主张将它"拿来"为我所用，作为较为彻底地改革我国现行有偿制度的最终目标，并直接定名为"矿产资源租金"。

第二，以"矿产资源租金"（可简称资源租金或矿租）命名体现了资源租金的经济属性。

我们之所以主张在"两租合一"后，以"矿产资源租金"命名的理由是，此命名可以直接、明确地反映此项税收的经济属性，如澳大利亚、巴布亚新几内亚等国即以"资源租金税"命名。但我国"税""费"的经济含义有着严格区别，为避免误解，舍弃"税"字，直称"租金"，便可"名""实"相符。"租金"既反映了资源资产的产权关系，又反映了资产价值的由来与归宿。倘在"资源租金"再加上"权利金"就显得多余。有人主张就以"权利金"命名，但权利金（Royalty）一词其最初本意为皇室所有，后来逐渐引申为泛指凭借对事物的所有权垄断，而向该物使用者收取的报偿。如某项技术专利的持有人对使用者的收取也可用权利金称之。在矿业领域从最初的从量权利金、从价权利金乃至20世纪80年代末90年代初兴起与矿山利润挂钩的权利金，如"超额利润权利金""净利润权利金""净离岸价权利金""净熔炼收益权利金"等，虽名目繁多，却总未准确反映此种征收的本质属性。在我国权威的英译词典中，"Royalty"都被译成"矿区使用费"或"矿区租用费"，若详细推敲，则此"费"是针对"矿产资源"而言，并非"矿区"。而对矿产资源这一耗竭性资源来说，"使用"二字，也欠确切。因此，在全面比较之后，采用"矿产资源租金"，更能确切反映对象的实质。命名为"矿产资源租金""名""实"相符，返本就位。

第三，在实施"矿产资源租金"的征收中，我们还需根据国家税收的需要、理论基础的一贯性以及避免征收、补贴的重复，对国外的现行做法作必要的调整和补充。

首先，从国家税政角度考虑，企业生产经营活动一旦产生了收益，就应征税，以确保国家财政收入的稳定性，而"资源租金"的计征方法是现金流贴现法。一般情况下，当一个新建项目的投产初始阶段，其累计净现值（NPV）在投资回收期间，往往都呈负值，这将导致在此期间矿租的征收无着落。这也是国外专家曾经指出过的该征收方法的缺陷之一。为了弥补这一缺陷，我们建议在此期间仍以"资源租金"的名义征取不与企业盈亏挂钩的绝对矿租性质的租金。当然，按一般惯例即如国外"权利金"或我国现行"资源补偿费"一样，以从价计征的费率不宜过高，一般定在2%~5%，直到出现NPV为正值时再按规定租金费率征收，实现对矿山级差收益的按合理比例的征收。

其次，从澳大利亚及巴布亚新几内亚的做法中可以看出，受边际税率控制的租金税率的计算是以所得税税后的余留部分为基础的。这种做法的含义在于首先保证国家财政收入的所得税的征收，再作租金税的计征。租金税率基本以所得税所反映的切分企业利润比例为准绳是值得借鉴的思路，但在分配层次上二者显然有别，不容混淆。矿租的收取应属一次分配，所得税属于二次分配，故在计算边际税率的控制模型中应对澳、巴两国的做法做出合理调整。

最后，以"采掘税"取代"资源税"，本质含义在于将"采掘税"的经济属性与矿租脱钩，作为行为税划归地方税种，矿山企业进行矿产采掘活动主要有两方面直接的正负结果，一是获取收益；二是对地方社会造成环境、生态等负面影响。对此，矿产属地的地方政府可以合理要求对企业收益部分适当分享，分享比例与计征方法可以参照"权利金"或现行"资源补偿费"的收取标准，从计价计征。并以现行"资源补偿费"费率的1/2为其上限，对矿山采掘活动所造成的负面影响，企业只负担规定的环境税费的份额中超出环境税费内涵之外的社会影响。这部分对社会的负面影响的价值量则由"资源租金"划拨给资源属地进行差别贴补，以避免均摊。差别贴补，通过制定差别贴补系数来体现，差别系数需反映不同矿种、不同矿产类型形成负面影响的范围、程度、持续时间以及矿区所在地区的自然、社会环境等因素的差别。其贴补额应以此前三或五年内划归地方的"资源税"的平均额的全部为其下限，以保证地方财政的既得利益，减少改革阻力。以后将根据实际情况和实际需要进行合理调整。

2. 立法建议二：明确矿业权的权益界限、规范矿业权的评估方法

探矿权、采矿权这两项价款是在一级市场受让或二级市场转让的产权交易中对矿业权价值通过按规评估后的一项公平价格，即公平市场价值（FMV），或基础市价。由于矿业权这一他物权的资产价值是由矿产资源资产产权（自物权）派生而来，所以矿业权作为无形资产中的对物产权，它的价值评估，必然以实物资产的矿产资源资产为基础，二者又因产权权能的差异、国家产业政策的体现、税费关系处置和市场竞价的结果而有明显差距。根据国务院1998年2月12日发布的矿产资源的勘查区块登记、矿产资源开采登记以及探矿权采矿权的转让三项管理办法规定，探矿权、采矿权价款只对"由国家投资勘查"形成的探矿权和采矿权价款提出要求。其实对由矿山企业或其他社会集团和个人投资资源勘查和开采也同样需要立法规范。

探矿权价款的评估主要是为了对地勘投入及其成果实施报偿，由于矿产勘查活动本来是项调查研究活动，是矿业开发不可缺少的先行步骤，但它本身并不改变矿产资源自然的、尚不可为人所用的存在状态。因此，价款不能像一般物质生产单位那样按产品成果作价，而主要由勘查成本加溢价这两项价值要素来决定。如澳大利亚VALMIN章程所介绍的矿权评估的六个方法中除去比较销售法〔comparabe sales(Real estate)method〕外，其他各种方法皆以勘查成本为基础，依据勘查方法、勘查工程所取得的关于矿产存在的实况和远景以及可开采利用条件等信

息的肯定、否定程度评价而对成本进行全部或部分注销或相反给予成倍、数十倍甚至更多的溢价,作为对它的风险与贡献的代价。值得注意的是，所有这些探矿权的评估方法，在基本概念上都不涉及对矿山利润的直接分割，尤其是对矿租的分割。

　　采矿权价款一般皆用DCF方法评估计价，从这个国内外普遍采用的评估方法所设计的现金流量特点和主要计算参数，尤其是最主要参数折现率（基准收益率或栏栅利率——Hurdle Rate）的选用都反映出是对矿山剩余利润，也就是对矿租的计算。必须指出，采矿权价款的计算应与"矿山资源租金"保持一致，这是价款的基值。在市场交易中由竞价产生的溢价只是一项附加值。倘从国家角度考虑，将现有对矿山企业的不同租费名义（如资源补偿费、资源税或如澳大利亚在收取资源租金税的同时还收权利金等）作为现金流入处理，所得价款即为该矿山的全部矿租，美国以附带权益转为国家参股，获取红利的总参股额，都属此类。倘现金流中保留对不同名义的矿租的征收，则所得价款只相当于矿租的部分余额，体现为在一定矿业税制体制下，矿租可通过多种形式进行征收。由于"价款"名称可用于各种交易对象和交易方式，有人建议，以"矿业权出让金"名之，但计算价款的目的并不全都为是了"出让"，参股时的股权数额，矿业权二级市场的转让等也都需要评估出价款，显然以"出让金"名之，未能概括全面，值得商榷。我国矿业权价款或出让金的设置源自矿业权市场交易的客观需要，在矿产资源有偿制度改革中，理应保留。但是，对于矿业权价款问题，我们从改革的角度考虑，还需从观念认识上和计价方法上澄清一些问题：①所谓"价款"，在市场交易行为中它只是单纯地指对某一交易对象的计价与标价，反映交易对象的市场价值。探矿权价款与采矿权价款作为矿业权产权的计价和标价依据，在矿产资源有偿制度的实现中起着重要的基础作用。因此，明确权益界限，规范评估方法，满足权益实现方式需要，就成为运用"价款"这一有偿手段的不可避免的问题。首先我们必须看到在矿法的定名上，世界各国，除去现在仍是或过去曾是的社会主义国家外，几乎都以"矿业法"为名。而在矿业权的设置上，在"矿业法"中，我们也可看到尽管有探矿权和采矿权的经营许可区分，但一般均将两权视为一体，统一到"矿业权"这个同一的财产权名下。如台湾"矿业法"所称"均为矿业权"。但在我国，以"矿产资源法"为名的矿业权的设置则将两权"统称为矿业权"。倘仔细推敲"均为"与"统称为"的本质差别，其实就在于这两权的产权独立性程度。按"均为"的一体格局，探矿权与采矿权虽可分别发放特许证，但它们同属一个产权，因此，在不同阶段的产权交易中若处于矿产勘查阶段，其矿业权的价值评估就以"勘查成本+风险溢价"的成本法为基础进行计价。此时，用于产权让渡的就是交易中的探矿权价款。如果由矿山企业自行投资勘查并处于勘查完成即将直接过渡到矿山开发阶段，则计得的价款（只包括勘查全部成本，不存在市场竞价中的溢价）将通过耗竭贴补（Depletion Allowance）的形式由矿山企业逐年回收，并取得国家的税收优惠。新建矿山项目或在产矿山的资源产权价值评价（相当于我国采矿权价款评估）一般均采用"现金流贴现（DCF）"法进行。通过DCF法算得采矿权价款是按资源租金（或超额利润权利金）的形式，还是按参股收取红利的形式予以回收，则应在权衡参股所导致的政府税收的减少与股金红利相比较的孰多孰少之中做出选择。而在选中资源租金形式，也还有选择不顾矿山企业在今后长期经营中所难以回避的矿产地质风险和市场风险，而采用一次性收取或短期内分批收取，或是采取年租金的征收方式而与矿山企业同担风险。这类选择涉及了国家经济利益与矿山企业经济利益的合理处置和国家一个时期的矿业政策的考量。可见，矿业权价款的计征，既取决于不同矿产开发阶段对矿产资源的把握和利用程度，也取决于不同阶段矿产产权的实现方式。改革的重点也正应体现在这些方面，绝非是简单地从"价款"改名为"出让金"所能解决的。

根据目前尚未正式宣布弃用的2004年修订版《矿业权评估指南》推荐和2008年9月1日起施行的《中国矿业权评估准则》要求，由国际上通用的DCF方法演化而来的所谓"折现剩余现金流量法""剩余利润法"，都违反了DCF方法的基本原理和原则。主要问题表现为对现金流折现中的"现金"概念、折现所体现的"时间价值"含义等的理解和运用有误，以致使用这两种方法计算结果会使评估值产生较大的误差，直接影响"价款"定值的准确性（关于这些问题将在本文以后作专门论述）。

在DCF方法的计算模型构成要素中，用以扣除的净现金流量贡献额，经济含义不明，其计算结果究竟属于什么经济范畴也就含混不清。模糊了采矿权价款（出让金）的收取所体现的是国家作为资源所有者以矿租名义的收取。而矿租的经济内涵在理论上是久已获得公认的。

《矿业权评估指南》2004年修订版及2008年9月1日施行的《中国矿业权评估准则》都将经过变形的DCF法（现金流贴现法）的适用范围推及"详查及以上勘查段阶"的探矿权评估，同时又规定"适用于拟建、在建、改扩建矿山的采矿权评估"。这样，在矿山开发正处于"探矿权"与"采矿权"交接的阶段，并在探矿权与采矿权各自成为独立产权的我国矿业权现制条件下，运用相同评估方法（DCF变形）所得评估值（价款）究竟归属何方，是探矿权价款还是采矿权价款就成为一个有待判定的问题，倘判定是探矿权的，则在理论上背离了生产要素分配原理，实践中更是直接、间接或多或少地侵夺了资源国家所有者应有的权益；若以勘查投资占矿山开发总投资的比例去分割，同样也是部分侵夺了国家权益。据此，当我们思考矿业权价款（出让金）的改革时，不能不对决定价款数值的评估准则和评估方法提出根本性的修改。

采矿权价款的构成除其与资源租金同源的基价外，其最终定值还包括一部分在资源资产的产权交易中由竞价所形成的溢价。从国外实行矿产资源租金税的国家如巴布亚新几内亚所执行的计征模型中，人们可以看到体现国家产业政策（如对勘查支出的快速补偿、鼓励矿山企业技术更新等）以及财税制度的支持（如篱笆效应、亏损后移结转等）的直接、间接反映。这些举措，切合矿业特点，具体惠及矿业产业的基本单元——矿山企业，必然会有效地促进矿业发展。值得我们学习、借鉴，并采取积极步骤，结合我国特点，合理移植过来。由于这些举措涉及多个部门和地方利益，为使改革顺利推进，必须沟通各有关利益方，达成有效协议，制定协调一致、衔接配套的规章制度，才可保证上述矿业权价款的改革得以顺利实现。

3. 立法建议三：将探矿权使用费、采矿权使用费改名为"矿地租"

探矿权使用费、采矿权使用费的设置与做法与国外的"矿地租（mineral rent）"基本一致，其根本目的在于保证矿业活动的专用土地空间，针对矿产勘查活动与矿产开采活动在用地状况上的差异而分别设置了探矿权使用费和采矿权使用费，前者依据勘查的活动特点而定，即按不同勘查程度，逐步退缩用地面积，同时提高余留土地的租金标准，并要求必须按期实现的最低勘查投入，以避免对土地的多占或空占；而采矿活动的土地占用，一般具有明确稳定的边界，且使用期限与矿山寿命相联系，租金较高而固定。为使命名直接反映本质，建议改名为"矿地租"，其他内容不作根本性改变。我国第一部现代意义上的矿法——1914年北洋政府公布的《中华民国矿业条例》以及此后国民党政府自1930年直至21世纪初，经历了十多次修正的《矿业法》在关于矿税条款中，都设置了"矿区税"。并明确其特质是"地面租税以外之税"。同时另立"矿业用地"条款，并定义为"矿业实际使用地面，称为矿业用地"。可见，同是矿业用地，却作上述区分，其基本出发点与国外矿法设立"矿地租"应是一致的。这项针对土地占用的收取与一般土地不同，是两种不同自然资源在产权各自独立的条件下，因矿业活动而联系在一起。由于矿业资源总是附着于土地，因而对它的开发，必然将土地与矿业权密切相连，是保障矿业权的实施，体现矿业权排他性的一个重要方面，是一种与矿业权产权权能不可分割的专有征收，虽然它与矿产资源本身的有偿概念无关，但将它们纳入矿业税制之内予以统筹安排应是合理的。

4. 立法建议四：改革完善矿产资源耗竭的物质补偿体制

在自然资源中，矿产资源属于不可再生的耗竭性资源。为了维持矿业简单再生产和扩大再生产，以满足日益增长的对矿物原料的社会需求，人们不能不在耗减、耗竭已被掌握的矿产资源的同时，一般更需提前进行资源耗竭的异地物质补偿，即为矿山企业提供资源准备。这就决定了矿山企业在其生产过程中基本要实现两个方向上的耗竭补偿循环。其一是矿产资源耗减、耗竭的价值补偿。这项补偿多与矿产资源的产权制度有关，反映在矿产资源产权权益的多种实现形式中。我们前边所探讨的各项矿产资源有偿使用制度中的税费问题，正是针对这项价值补偿的实质内容而展开的。其二是矿产资源耗竭的物质补偿。这项补偿多与矿业产业的管理体制和组织形式有关。主要反映在矿产勘查与矿产开发（采）这两个先后密切关联，却又各具专业特点，自成独立行业的矿业运营总体的协调机制上。正是通过一定的运作机制所提供的条件，使得矿业得以有效地实现矿产资源耗竭的异地补偿。据此，我们探讨的不是如何实现资源的物质补偿本身，而是运用什么样的体制条件才是实现资源物质补偿的有效途径，依照我们在前边对国外有偿制度的初步分析和理解，可以用图5-1展示其耗竭—补偿机制在矿业内部的循环。

从图5-1中我们可以清楚地看到，在以矿山企业为投资主体的体制下，为了激励矿山企业投资于矿产勘查，政府给了各种形式的优惠待遇。诸如，矿产生产前期多年累积的勘查费用可以一次性全部抵消（如澳大利亚、巴布亚新几内亚所做），勘查投资可全部持有股权（如加拿大所为）。这实质上已使勘查费用全部资本化了。在美国等国家普遍施行的"耗竭补贴"（Depletion Allowance)其中的"成本折耗"则类似于"折旧"处理方式，一方面允许在税前提出，以获取减税优惠；另一方面在税后回归矿山企业的收入，形成勘查资金的专项积累。而后续的"百分比折耗"，更允许从矿山税前净收入中的扣除不超过该净收入的50%作为贴补。在加拿大和澳大利亚这些国家对于矿业权交易中的探矿权产权转让时，都有着在勘查成本的基础上的高倍溢价。所有这些举措都对矿业企业积极关注勘查投入起到了极佳的激励和推动作用。对比我国的现行做法，尽管近年来也曾陆续提出过加强矿产勘查、实行多渠道筹集勘查资金、使企业成为勘查投资主体等改革方向，但长期以来的矿业实践表明，这一正确的改革方向和政策意向，并未有效激发社会和矿山企业对矿产勘查投入的积极性，以致在20世纪末21世纪初即已呈现的矿产资源后备基地紧张局面一直难以缓解，延续到2005年为挽救这一危

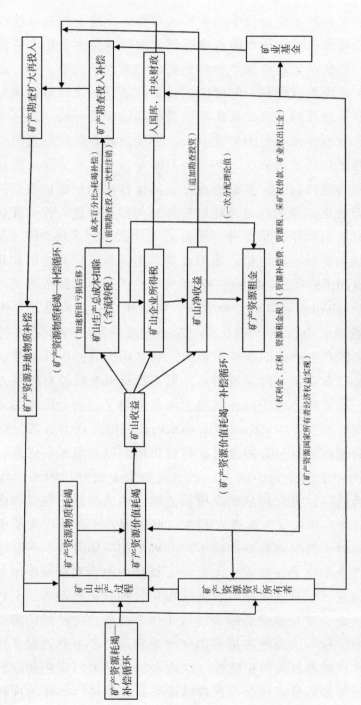

图5-1 矿产资源耗竭—补偿循环

局，国家不得不划拨数百亿元巨资，分十年使用，以加强对矿产后备基地的勘查。这样做不禁令人想起计划经济时代的惯用手段，这样做确可集中力量有效地救一时之急，倘若形成制度，显然有悖于市场经济的基本规则，不利于矿山自主组织矿产勘查的发展。在产权体制上，国外一些主要矿产大国多将探矿采矿权统一于矿业权这一财产权之内。矿产资源的耗竭补偿，主要是在矿山企业（矿业集团公司）内部循环实现，政府只是通过多种形式的税费优惠和财会制度支持，以鼓励矿山的勘查投资行为。在我国，在探矿权与采矿权各自为独立产权的格局下，受到利益驱动，势必各自为产权争利。于是人们的注意力更多地放在探矿权出让时如何索取较多回报上，而对如何借鉴国外成功经验，争取给予矿山企业投资矿产勘查在税收、财会、融资等方面的优惠待遇和制度支持、建立合理可行的资源物质耗竭—补偿制度，以确保矿业的可持续发展等重要问题却少有顾及。以上所述的两种情况，其根本因由虽是多方面的、十分复杂的，但从中透露出或多或少地受到过去计划经济和部门分工时代的思维模式的残余的影响。因此，当我们思考和设计我国的矿产资源物质耗竭—补偿制度框架时，首要的事情就在于转换思维模式，只有这样，我们才能在正确的方向上向前迈进。这样，国家也就可以腾出手来专做国家长远资源规划所要求的事情，使得我国矿业的资源物质耗竭—补偿在社会主义市场经济条件下各有所司、各有所施。

　　5. 立法建议五：我国矿山企业增值税现状及矿产品增值税改革

　　当前，我国每年增值税税收几乎占税收总额的一半，已经成为我国一项非常重要的税种。增值税的征收与一国的产业分类有关。矿业即采掘业和制造业，在国际的产业分类上，是两个并列的独立产业门类。世界各主要矿产国都普遍将采掘业划为第一产业，一般不征收增值税。只有少数国家对矿产品征收增值税或类似增值税性质的税收（如销售税），如阿根廷征收18%的增值税，但不收权利金；印度尼西亚对出口矿产品不征收增值税，对内销矿产品征收10%的增值税；其他各个大国对矿产品都不征收增值税。但在我国，根据我国《国家经济行业分类与代码》，采掘业处于我国产业序列第Ⅱ部门工业中的第08—14门类，征收和加工制造业相同的增值税，并采用相同的增值税率，采用相同的增值税处理方法。

我国政府对矿产品的增值税税率经过几次政策性调整，截至2009年以前对石油、天然气、井盐的增值税税率仍定为17%，金属采选产品增值税税率为13%，建筑用沙、石、土等税率为6%，黄金、白银暂不征收。自2009年1月1日起，在全国所有地区、所有行业推行增值税转型改革。改革的主要内容是：允许企业抵扣新购入设备所含的增值税，同时，取消进口设备免征增值税和外商投资企业采购国产设备增值税退税政策，将小规模纳税人的增值税征收率统一调低至3%，将矿产品增值税税率恢复到17%。

（1）矿山企业增值税税负过重。

从1994年新税制后，我国的矿山企业普遍存在着税负过重的问题，因为全国增值税税收的80%以上都集中在采掘业和制造业（商业领域的税收总额已被税制设计到20%以下）。以某煤炭大集团为例，在1996~2002年七年间，该企业销售收入和利润分别增长了96%和3%，但是税负却增长了189%，根据统计资料，我国矿业平均综合税率为14.65%，为全国各行业平均税费负担的2.15倍，为国外矿业平均税费负担的1.91倍。按现行增值税税制，一般矿业需要交纳的税种中增值税占有10%以上，对矿山企业和一般加工制造业采取同样标准征收增值税已使矿山企业实际税负远远高于加工制造业，较高税额使得我国资源类产品增值税已然成为带动资源型地区税收增长的主要因素，成为地方发展的主要经济来源。当前很多地方政府普遍加大对选矿业增值税的征收力度，有些地方2008年与2007年同期相比，增值税税收增长高达350%。矿山企业作为基础产业承担了过重的纳税负担，严重束缚了它的发展，不利于国家的长远利益。因此，矿山企业增值税改革已是势在必行。

（2）矿山企业增值税税负过重的原因分析。

将矿山企业与生产制造企业相比较,矿山企业税负高于一般生产制造业的原因有其产业自身的特点。

首先，矿业相较于一般工业，其产业整体资本有机构成偏低。增值税的税基是V+M（V可变资本，M剩余价值）两部分，矿业资本有机构成偏低表明其V的比重较大，也即应税部分的比重要比一般工业企业更多。这是生产型扣税法的增值税制下无法避免的不公平，即使采用消费型增值税，矿业可以与一般工业同样因购入的固定资产和不动产所含进项税额予以抵扣，从而减轻税负而获益，但因矿业资本有机构成相对低于一般工业，也仍然无法避免这种不公平。只有在矿业发展中不断提高产业生产技术水平，才能逐步缩小这种差距。

其次，一般生产制造企业是对原材料进行加工处理形成产品进行销售，而矿山企业的劳动对象是天然生成的矿产资源，主要作业是将矿产资源脱离自然状态转变成矿产品，几乎不需购进原材料就可生产。所以原材料进项失缺，依据"应纳税额=当期销项税额-当期进项税额"，矿山企业的增值部分几乎相当于最终销售额。因税基中不存在原材料进项税额的抵扣，相应所缴的增值税必然多于一般生产制造企业。对于矿山企业承担的这种原本不该有的税负，即使是采用消费型增值税的"扣税法"，将一般固定资产纳入进项税额扣除也不能解决原材料进项失缺问题，但可以采用将"矿租"和地勘投入作为矿山企业的资本支出摊入法定扣除项目以代替一般生产和制造企业中的"原材料"支出，"矿租"虽然来源于矿山的超额利润，但它并不是矿山收入，而是矿山对消耗资源所付出的代价，像"资源税""资源补偿费"以及为获得探矿权、采矿权而支付的矿产资源使用费、土地购置费等的价款，这部分支出是企业的开矿成本，相当于一般生产制造企业为进行生产制造而购进的原材料成本，因此开矿成本理应像"原材料"成本一样从销售收入中扣减，这样得到的增值额和理论增值额一致，成为标准的增值税。当然在采用消费型增值税中也可以采取扣税法。将摊入的"矿租"列入"不动产"进项下，进行按率抵扣，这意味着矿山企业以所缴纳的矿租换取对应矿产资源资产这一不动产的使用权而付出的代价。以上税额在征收上都可以先按一般流程征收，即先不将"矿租"考虑在内，等增值税上缴国库后，由政府统一将这部分税额退还给企业。

例如，某矿山原煤生产规模为300万吨/年，评估用矿井服务年限30年，采矿权价款为37571.07万元。原煤不含税（矿山交货）销售价格取114.27元/吨，按不含税销售价格计算的矿产资源补偿费1.14元/吨，资源税税额取3.20元/吨，矿产品税率为17%。为简化计算，计算增值税进项税额时以外购材料和外购燃料及动力为税基，其中年外购材料为3333万元，年外购燃料及动力2178万元，税率按17%计算。

按原生产型增值税计算增值税额，则：

年销售收入＝年原煤产量×原煤不含税销售价格

$\qquad$ ＝300×114.27

$\qquad$ ＝34281.00（万元）

年销项税额＝年销售收入×17%

$\qquad$ ＝34281.00×17%

$\qquad$ ＝5827.77（万元）

年进项税额＝（年外购材料＋年外购燃料及动力）×17%

$\qquad$ ＝（3333.00＋2178.00）×17%

$\qquad$ ＝936.87（万元）

年应纳增值税额＝年销项税额－年进项税额

$\qquad$ ＝5827.77－936.87

$\qquad$ ＝4890.90（万元）

如将矿租考虑在内，则：

年资源税＝3.20×300

$\qquad$ ＝960.00（万元）

矿产资源补偿费＝1.14×300＝342.00（万元）

每年摊入的采矿权成本（按直线均摊）＝37571.07÷30≈1252.37（万元）

则在采用生产型增值税条件下，可将矿山企业缴纳矿租作为矿山的成本支出先从矿山销售收入中扣除，再计算销项税额与进项税额相抵扣。即：

34281－960－342－1252.37＝31726.00(万元)

年销项税额=31726.00×17%=5393.53(万元)

则：年应纳增值税额=年销项税额-年进项税额

＝5393.53-936.87=4456.66（万元）

若采用消费型增值税,因不动产可纳入进项税额抵扣,则：

年应纳增值税额=年销项税额-年进项税额

＝5827.77-（3333.00+2178.00+960.00+342.00+

1252.37）×17%

＝5827.77-1371.11

＝4456.66（万元）

两种方法增值税均相差：4890.90-4456.66=434.24(万元)

（3）解决矿山企业增值税税负过重的基本思路

由此可见，改革后的增值税不管是采用生产型增值税还是采用消费型增值税，都比原生产型增值税下的税额要少缴434.24万元，增值税额的减少，也即矿山企业利润相应增加，因此，将"矿租"这项资本支出摊入可抵扣的进项或销项税额，它们都可以有效减少矿山企业的税务负担，更有利于企业的长远发展。当然，为了争取到更大效果，我们还可着眼于与农产品免征增值税政策相同的优惠待遇。从经济学考虑，在国民经济产业分类中，矿业与农业都属第一产业，矿产品与农产品同样也都属于国民经济产业链中的初始产品，农产品由种子转变为农产品是一个以土地为依托的自然循环的增值过程，生产过程中的资本和劳力投入，只不过是推动和促进这一自然增值过程的实现。而矿产品则是借助资本和劳力使地下矿产资源脱离自然状态，成为可为我用的物品。生产过程中只有对资源自身的耗减，并无任何增值转变。因此，对农产品免征增值税的现行优惠政策，不管是出于怎样的经济分析和政策考虑，应该说将矿产品与农产品相比较是具有相同的甚至更强的免征增值税的客观要素。所以免征的诉求值得进一步论证并促使有关方面关注。

参考文献

1   马克思.资本论（第三卷）[M].北京：人民出版社，1975：6.

2   马克思.剩余价值论（第二册）[M].北京：人民出版社，1976：6.

3   [美]萨尔维特.微观经济理论[M].李林等，译.西安：西安交通大学出版社，1986：11.

4   刘福垣.明租·正税·除费[M].北京：改革出版社，1997：5.

5   [美]萨缪尔森，诺德豪斯.经济学[M].萧琛，主译.北京：商务印书馆，2013：1.

6   [英]大卫·李嘉图.政治经济学及赋税原理[M].周洁，译.北京：华夏出版社，2005.

7   肖云.资本论与市场经济问题研究[M].北京：中国财政经济出版社，2002.

8   [德]马克思，恩格斯.马克思恩格斯全集[M].中共中央马克思、恩格斯、列宁、斯大林著作编译局，编译.北京：人民出版社，2001.

9   [英]A.斯密.国民财富的性质和原因的研究[M].郭大力，王亚南，译.北京：商务印书馆，1972.

10   [英]李嘉图.政治经济学及赋税原理[M].郭大力等，译.北京：商务印书馆，1962.

11   宋瑞祥.96中国矿产资源报告[M].北京：地质出版社，1997：3.

12   杨鲁，戴国庆，孙仲莲.中国资源税费的理论与应用[M].北京：经济科学出版社，1994：6.

13   傅鸣珂，钟自然.北京国际矿业投资立法与政策[M].北京：地震出版社，1993：12.

14   张新安，杨培英，等.现代市场经济国家矿业税收制度研究[M].北京：地震出版社，1997：4.

15 寿嘉华.国土资源与经济社会可持续发展[M].北京：地质出版社，2001：3.

16 傅英等.矿产资源法修订理论研究与制度设计[M].北京：中国大地出版社，2006：4.

17 李显东.中国矿业立法研究[M].北京：中国人民公安大学出版社，2006：9.

18 桑东莉.可持续发展与中国自然资源物权制度之变革[M].北京：科学出版社，2006：9.

19 张新安，陈丽萍，王政立.市场经济国家权利金管理制度[J].资源·产业，1999(1).

20 汤在新.略述英国古典政治经济学地租理论的发展[J].武汉大学学报（人文科学版），1962（1）.

21 王广成.中国资源税费理论与实践[J].中国煤炭经济学院学报，2002 (6).

22 施正文，徐登敏.中国资源税费的现状问题与立法完善[D].北京：中国政法大学，2006.

23 杨人文.我国资源税费制度现状及其完善措施[J].环境经济杂志，2005（5）.

24 殷焱.建立权利金制度是我国矿产资源税费改革的必然结果[J].资源·产业，2001(3).

25 龚辉文，沈东辉，王建民.资源课税问题研究[J].税务研究，2002 (7).

26 刘羽羿.我国矿业税费现状及其改善措施[J].矿业快报，2004 (1).

27 张文驹.我国矿产资源财产权利制度的演化和发展方向[J].中国地质矿产经济，2000(1).

28 钟自然.中国矿业税费制度及其国际比较分析[J].矿业快报，2002 (9).

29 朱学义.论矿产资源权益价值理论[J].中国地质矿产经济，1998(12).

30 王广成.论矿业权价格与矿业税费之间的关系[J].煤炭经济研究，2001 (5).

31 关凤峻，苏迅.关于矿产资源补偿费的几个观点[J].资源·产业，1998(8).

32 袁怀雨，陈希廉.关于矿产资源价值及矿产勘查体制改革的思路[J].中国地质矿产经济，1996(5).

33 傅鸣珂.理顺矿业经济关系，积极稳妥推进资源有偿制度改革[J].中国矿业，2006(4).

34 冯菱君，李自如.矿山企业发展中的资源税税收制度研究[C].中国有色金属学会第五届学术年会论文集，2003：8.

35 沈振宇，王秀芹.我国矿产资源管理体制改革思路[J].有色矿山，2000(2).

36 鲍荣华，杨虎林.我国矿产资源税费征收存在的问题及改进措施[J].地质技术经济管理，1998(4).

37 王广成，曹善春，谷建国，李际.论矿业税费改革[J].煤炭经济研究，2000(6).

38 Australia Government PTG. New Resource Taxation Arrangements［R/OL］. 2010
　　［2012-07-16］.

39 Statements of Reform Priorities from Participants.A Tax Plan For Our Future.［R/OL］.
　　2010［2012-07-16］.

40 Otto J.M. Mineral Policy, Legislation and Regulation. A series of papers prepared for the
　　united stations conference trade and development. John C.lacy. The History Origins of the
　　U.S.Mining Law and Proposals for Changel.Natural Resources. Energy and Enviromental
　　Law, Volume 10, NO. 10, Summer 1995.

附录1 对《中国矿业权评估准则》中两种收益途径评估方法的初步评析

矿产资源作为资产，它的价值评估不仅是衡量一国经济潜力的统计学上的需要；也是国家进行资源规划与配置、实行自然资源有偿制度、合理设立税费体系或资源参股份额的重要基础。在产权交易市场中，更是产权定价必不可少的依据。在金融市场上，矿业公司或矿山企业上市融资。按上市成局规则要求，资源的产权价值是构成矿山整体资产总值的重要的，甚至主体的组成部分，可见矿产资源的产权价值评估，在矿业的经济运行中起着十分广泛的基础性作用，就像价格对商品的作用一样。正因如此，当我们探讨矿产资源资产的有偿使用问题时，出于对应各方的切身利益，不能不同时对矿产资源评估问题予以密切关注。

由于资产评估关系到财产或资产的产权定价，不可避免地涉及各方面利益，它的操作又极为专业化。因此，早在二百多年前，资本主义市场经济发育较早的英美等西方国家率先成立了专业评估机构和专职评估从业人员，步入行业性的科学评估阶段。自20世纪以来，随着商品经济和贸易的发展，资产评估作为独立专业性的民间自律性组织——资产评估协会，在英、美两国先后成立，并各自制定了不同的行业标准。20世纪六七十年代，日、韩、澳及欧洲各国也步其后尘，各自成立了行业协会。为了加强国际协作，协调评估标准，1981年在澳大利亚墨尔本召开各国评估专业协会国际会议，成立了国际资产评估准则委员会，并于1985年首次公布了《国际评估准则》（以下简称《准则》），1994年及1997年对该《准则》分别进行过两次修订。这一系列活动充分反映了国际上各个评估组织对规范行业业务标准的迫切要求和高度重视，意在提高评估业务质量，保证评估成果的科学性和公平性，促进国际业务沟通和协调。在我国，自改革开放以来，随着经济体制改革和社会主义市场经济的发展，生产要素进入市场，产权交易日趋频繁，为满足产权定价以及政府征税、收费、融资、管理等实际需要，资产评估的管理和执业机构以及评估法规相继建立和出台。1993年12月，中国资产评估协会成立，同时提出创立评估标准的任务。1995年3月，中国评估协会加入国际评估准则委员会，从此我国资产评估业开始走向世界。在我国的矿业行业中，资产评估起步较晚。根据1997年1月1日起实施的我国《矿产资源法》修订版而制定的配套法规《矿产资源勘查区块登记管理办法》《矿产资源开采登记管理办法》都分别规定由国家出资形成的探矿权、采矿权价款均需经过评估确认。于是在行政法规的推动下，我国首次建立了矿业权评估师制度，矿业权评估业务从此展开。但因缺少矿业权评估准则的正确指导，在评估方法的运用上众说纷纭，各行其是。直到2001年才有"指南"性的范本出现，但范本本身又因理论概念不清，经实践检验，在方法运用中也暴露出不少必须作重大修改的原则问题。这些问题，已先后见有专论指出，但其修改版虽有多处改正，却在方法的应用上仍保留了初版的基本思路。2008年，由中国矿业权评估师协会编著的《中国矿业权评估准则》（以下简称《准则》）出台，这套国内首次制定的《准则》在评估方法应用上依然延续了评估指南初版与修改版的基本思路。

鉴于矿产资源产权价值评估在矿产资源有偿使用制度实施中的重要的基础性的地位，以及行业按一般规则赋予"评估准则"对评估业的指导作用，我们不能不对《准则》中存在的问题做出必要的评析。在这本《准则》中提出了有关收益途径的五种评估方法，供评估师在实践中选用，但是，其中的两种主要方法——折现剩余现金流量法（DRCF）和剩余利润法，都存在着与国际上通用的做法相悖、不同程度地扭曲矿业权价值的问题。

我们选取了由中国矿业权评估师协会编辑出版的《矿业权评估案例》中的两个案例来进行分析比较。

第一，矿业权评估采用的折现率是一种特定条件下的收益率，反映该项资产应取得收益的水平。该《准则》中采用了两个不同的折算率，对现金流量时序表中各年的价值先是以"δ"将平均利润（投资收益率和投资利润率）作静态的扣除，再将各年的净现金流量用"r"进行折现。根据利润、利息、利率的相互经济关系，一般认为平均利润率是实际利率的最高限。可见，用"δ"及"r"进行双重扣减将会是对剩余利润的额外扣除。此外，倘若将"r"仅视作反映"货币时间价值"的单纯资金货币的报酬，用它对项目的现金流量作全面折扣，就意味着评估项目的资金结构中全部资本都是借贷而来。这样，在L.D.史密斯的"加权平均资本成本"（WACC）模型中$r_e\%·P_e$和$r_p\%·P_p$两项已不存在，甚至连P_d也不存在，只剩下该《准则》所选用的$r_d\%$了。这种不可避免的假设条件显然是脱离实际的，由于未考虑P_d的存在，仅就这一点，其结果又是对剩余利润的额外扣减。这两项额外扣减，将导致所求算的矿权价格出现系统偏低。

第二，根据价值时差原则，在DCF法的时序表中，必须严格区分"现在值"和"未来值"。运算中按复利计算，任一选定的贴现率"r"都应与它所处的不同时间"n"相联结。在对不同时点的价值作比较时，必须按它们所处的不同时点"n"的折算系数进行等值换算。该《准则》中这两种方法都对各年的收入以平均利润率进行静态的扣减，这又背离了价值时差的基本原则，因为在一定矿山经济寿命期内的各年度，同一相当值，动态利润率总是小于静态利润率。同样的误用还反映在基本由DCF法演化而来的"剩余利润法"中。该方法所列"生产总成本费用"内包含的"折旧额"采用了对固定资产静态的均摊方式（直线折旧法）。但是，这个静态均摊的各年折旧额，若放在时序表中通过任何贴现率折算为现值都不会恢复到固定资产投资或评估始点存量资产的原值。这就是为什么运用DCF法时总是要使用"经营成本"（未来值）与固定资产投资（在较短的基建期内按投资的不同时间分布折算到零年的现在值）分开，并在"经营成本"中除去"折旧""摊销"等项转移价值以便于准确反映净现值的主要原因。其结果是矿业权评估值都普遍偏离了真实水平，评估价值的具体偏离程度可以参看案例比较表。

案例比较表

参数/指标	案例一：X省蒙北矿业有限责任公司 蒙北多金属矿			案例二：中大煤炭有限公司 杨树沟煤矿		
	DCF 方法	DRCF 方法	剩余利润法	DCF 方法	DRCF 方法	剩余利润法
评估年限/年	18	18	18	30	30	30
折现率/%	10	10	10	8	8	8
长期国债利率/%		4.41	4.41		4.41	4.41
风险利率/%		5.59	5.59		5.59	5.59
投资收益率/%		10	10		10	10
投资利润率/%		10	10		10	10
评估结果/万元	148086.98	142757.74	126013.37	89752.94	55896.70	2704.82
影响程度/%		4	15		37.72	96.99

注：案例来源于《矿业权评估案例选编》。

①2008年6月23日发行的2008年记账式（十期）国债，期限10年，票面年利率为4.41%。

2008年5月19日发行的2008年记账式（七期）国债，期限7年，票面年利率为4.01%。银行贷款利率：六个月6.57%，一年7.47%，一至三年7.56%，三至五年7.74%，五年以上7.83%。

②项目评估用折现率直接引用案例中的折现率。

从上表可以看出，同一项矿业权资产，如果采用同样的基本参数，但用不同的评估方法，其价值的评估值差异可能很小也可能非常巨大，主要受评估年限、生产期内是否追加设备更新投资和年折旧额大小等因素的影响。评估年限越长，追加投资和年折旧额越大，运用不同的评估方法所得出来的价值评估值差异就越大。

比如，案例一为多金属矿，其评估年限只有18年，生产期无追加投资，年折旧额较小，所以，不同方法所得出的矿业权评估值与DCF法所得出的评估值148086.98万元相比较，采用DRCF法和剩余利润法的评估值分别为142757.74万元和126013.37万元，其价值分别降低了4%和15%；案例二为煤矿，服务年限长，其间还需要追加更新固定资产投资，年折旧额很大，三种方法的矿业权价值评估值分别为89752.94万元、55896.70万元和2704.82万元，DRCF法评估值降低了37.72%，而剩余利润法的评估值则降低了96.99%，影响巨大。

第三，这两种方法的运用条件和范围在《准则》中看不出它们与DCF法有什么差别，若是将其运用于矿业权价款评估，将会损害矿产资源所有者的权益；若用于不同投资者之间矿业权转让评估，则将损害转让方的权益。总之，无论这两种方法在哪种条件、哪个范围运用，其评估结果都是不合理并且有失公平的。

第四，《准则》中指出，折现现金流量法、折现剩余现金流量法和剩余利润法这三种方法均适用于详查及以上勘查阶段"探矿权"的评估，这是一种误导，将会使得探矿权人产生侵权行为。

因为上述三种方法所求的结果均是矿山后续开发所带来的超额收益，只能在矿山经营者与资源所有者之间分配。此收益并非一蹴而就，而是随着矿山生产的持续进行逐年实现。勘查阶段矿业权价值的评估如果采用上述三种收益系列方法，就在矿山尚未生产开发之前即擅自分割了未来原本应该属于资源所有者和采矿权人的预期超额收益，无疑侵犯了资源所有者和采矿权人的权益，侵占的一部分是矿租，另一部分则是矿山投资经营者的利益。

另外，这预期收益能否实现还存在着相当大的风险。矿产资源的隐蔽性、耗竭性和时效性等特征决定了矿业是一个具有特殊高风险的行业，如果将来资源或市场条件发生负向变化，矿山经营者不但无法获取超额收益甚至可能血本无归。可见，在勘查阶段探矿权人就迫不及待地侵占这份可能根本不存在的收益，实在是非常不当的。

纵观美国、加拿大和澳大利亚这些西方矿业大国的成熟做法，勘查阶段矿业权的评估方法基本都是以勘查成本保全为主要原则，适当考虑未来收益的溢价，而非置未来矿产开采经常遇到的资源风险和市场风险于不顾，一厢情愿地通过DCF方法的计算，在"纸上谈兵"中借助行政权力的支持提前分走一杯羹。

根据以上的剖析，我们可以具体深入地感受到资源产权价值评估对落实矿产资源有偿制度的重要作用，以及评估方法的运用对评估结果的重大影响。据此，为了规范我国矿业权评估工作，建议在修订《矿产资源法》的有关条款中，除现有的对实行注册评估师制度和矿业权评估机构的资质要求的表述外，更应加上"矿业权评估，应在由行业协会组织制定的并经国家矿产资源主管部门确认的'矿业权评估准则'的指导下进行"这项条款表述。同时，在更广泛的专业专家范围内，组织对现行评估《准则》和评估方法"指南"进行实质性的修改。

附录2 资源税计税模式研究

1.资源税计税模式概述

资源税的计税模式主要是解决资源税纳税人如何计算应纳税额的方式的问题。资源税的计税模式的设计对于资源税制度的改革具有重要影响，关系到国家、企业、公民的利益，因此对资源税计税模式进行研究具有必要性。

资源税的计税模式主要分为三种：从量计征模式、从价计征模式和从利润计征模式。

1）从量计征

从量计征是指以征税对象的重量、数量、面积、体积等可以以数量计算的单位为计税依据，按照固定税额标准计征的税收，又叫从量税。从量计征的计算公式是：应纳税额=课税数量×单位税额。其中，课税数量为自然资源的销售数量或者自用数量。从计算公式可以看出，资源税从量计征仅仅将税收与销售或者自用数量挂钩，并不是对所有被开采的资源都征税，这显然不符合资源税征收的目的。

2）从价计征

从价计征，即以课税对象的价格为计税依据，按这种方法计征的税种称为从价税。从价计征的计算公式是：应纳税额=销售额×适用税率。从计算公式可以看出，资源税从价计征将税收与企业的销售额挂钩，建立起了税收与市场的联系，与从量计征相比具有进步意义。但是，从企业负担角度考虑，从价计征没有考虑企业的负担，不管企业是否盈利，都需要纳税。

3）从利润计征

从利润计征是指以课税单位利用资源进行经营的所得利润额为计税依据，按照规定的税收标准征收。从利润计征的计算公式是：应纳税额=销售利润×适用税率。从计算公式可以看出，资源税从利润计征不仅将税收与市场挂钩，而且还从企业的角度予以考虑，只有企业获利的时候才需要纳税，这大大减轻了企业的税收负担，也有利于促进资源市场的发展。

2.国外资源税计税模式

资源税制度起源于西方，是在矿产资源私有的基础上对矿山企业的获得的级差收益进行调节而产生的。因此借鉴国外资源税先行国家的资源税经验对我国资源税改革的研究具有重要意义。

国外资源税分为三种，即产出型资源税、财产型资源税和利润型资源税。具体内容如下表所示。

国外资源税计税模式比较

类型	典型国家	具体做法
产出型资源税	美国	美国的开采税是按照矿产资源销售到州外时的价格或产量来计算所需缴纳的税额的，课税对象为卖到本州以外其他州的自然资源，这种资源税的计税模式能够最大限度地获得自然资源价值，提高本州的财政收益。在本州进行矿山开采的居民或企业是开采税的纳税人，但本州外的资源需求者或购买者才是真正的负税人
	加拿大	同样征收开采税，开采税税率为18%~20%，加拿大资源税制度的创新之处在于他们的资源税补贴措施，这个措施是为环保而设计的，如针对水资源的区域退水计划和水资源补贴、针对土地资源的税收激励计划和耗竭补贴等

续表

类型	典型国家	具体做法
财产型资源税	巴西	巴西采取从价征收的计税模式，巴西对矿产品按照产品的销售价格征收资源税，但是已征税的产品不需要再缴纳，后续的产品扣税时也不得扣除产品中已经计算的资源税，这使得巴西矿山企业综合税费负担水平在10%~15%，税收负担较轻且保持稳定
利润型资源税	秘鲁	颁布三个法令，规定根据利润对采矿企业开征资源税；从事不可再生自然资源开采活动的企业，需按季度对基于此活动所得的经营利润，按照4%~13.12%的累进费率按季度上缴；要求企业对销售金属矿产资源所得的利润，按照2%~8.4%的累进税率按季度上缴税务机关
利润型资源税	澳大利亚	澳大利亚资源税计税模式改革在国内遭受阻力，最终在双方协商妥协的情况下，澳大利亚政府放弃之前提议的资源超额利润税，替代为税率相对较低的矿产资源租赁税，征税范围也缩小至煤炭和铁矿石领域，税率由40%下调为30%。澳大利亚资源税的计税模式改革在各方的妥协下变更为从利润计征

3. 三种计税模式的比较与计税模式的选择

1）三种计税模式的比较

（1）从量计征

我国从1994年开始实施资源税从价计征改革，至今为止除了少量的资源税实施从价计征的计税模式以外，资源税从量计征仍旧存在。资源税从量计征的计税模式在其存在的时间里，不可否认其有存在的必要性。资源税从量计征的优点是税收征管的成本低且税收征管工作简便易行。

资源税从量计征的计算公式是：应纳税额=课税数量×单位税额。从其计算公式中可以看出，在资源税从量计征的情况下，企业应缴纳的税收数量只与资源的数量挂钩，资源税的征收是以资源的销售量或自用量为标准，并不与资源的价格挂钩。在市场经济条件下，由于资源的稀缺性和不可再生性，导致资源的价格大幅度上涨。在这种计征方式下，很难体现出资源的稀缺性，也不能很好地发挥矿产资源的社会效应，同时也会对环境造成一定破坏。

（2）从价计征

从2010年起，我国陆续开始了资源税从价计征改革。目前，我国的石油、天然气和煤炭的从价计征改革已经开始实施。资源税从价计征改革符合我国市场经济发展的现状与要求，也是对国外矿山企业法律制度的合理借鉴。资源税从价计征的计算公式是：应纳税额=销售额×适用税率。从其计算公式可以看出，资源税的从价计征将税收与市场、资源价格联系起来，充分发挥税收对资源产品的调节作用，有利于实现资源产品价格与价值的统一，也符合市场经济的价值规律。因此，资源税从价计征具有从量计征无可比拟的优越性。

一是从价计征的计税模式实现了税收与市场的接轨。这种计税模式将资源税的征收与矿产品价格联系起来，同时考虑了国家的财政收入和企业的负担，将市场和税收的调节作用结合起来。

二是从价计征的计税模式有利于实现矿产资源的节约和有效利用。资源税从价计征从资源稀缺性角度出发，实施这种计税模式的时候资源利用主体也会承担相应的成本，从而达到节约资源的目的。

三是从价计征的计税模式充分发挥了税收的调节作用，有利于政府的宏观调控，发挥资源的社会效用。煤炭资源税属于地方税，资源税的计税模式改为从价计征后，增加了地方政府的建设资金，也可以有效缓解目前地方财政紧张的情况。

但是，资源税的从价计征也并不是完美的，从资源企业的角度来看，却增加了他们的负担。

一是资源税从价计征的计税模式所针对的仅仅是已经出售的资源，对于已经开采但未出售的资源不需要纳税，这可能也会导致资源的盲目开采和资源的浪费。

二是资源税由从量计征改为从价计征之后，对于一些获利较多的大企业来说，他们承担的资源税负担增大，这可能会导致税负较重的企业通过寻求关联交易或者内部交易来降低自己的成本，这也不利于市场的健康发展。

三是资源税从价计征没有考虑资源的回采率，这可能造成企业在生产过程中有选择地开采生产，开采更加容易开采的矿产以降低生产成本。这就容易导致资源不必要的浪费。

（3）从利润计征

资源税从利润计征的计算公式是：应纳税额＝销售利润×适用税率。从公式可以看出，资源税从利润计征和资源税从价计征一样，都是将资源税与市场挂钩，不同的是资源税从利润计征是将资源税与资源企业的销售利润联系起来，资源税税收收入不仅与销售收入有关，更与企业的销售成本、销售利润等有关。

从利润计征具有从量计征和从价计征没有的优越性。

从组织国家的财政收入来看，虽然从量计征和从价计征对于国家财政收入的贡献相对从利润计征来说更大，但是从长远来看，从利润计征是对企业的营业利润征收资源税，这对于财政收入的组成来说更科学合理，不会给企业造成很大的负担，同时也能够保证政府有一定的财政收入。

从配置市场资源的角度来看，从利润计征显然在配置市场资源方面能够更好地发挥税收的作用。从利润计征只对企业的盈利征收资源税，不会在企业亏损的时候加重企业的税收负担，有利于企业的后续经营，这也符合税收中性原则的要求，不会让纳税人承担额外的税收负担。

从经济监督的角度来看，从利润计征也能够更好地发挥经济监督作用，因为企业的经营状况可以通过其缴纳的资源税数额看出来，盈利多的时期，缴纳的资源税额就多，这有助于政府对资源市场的监控。

2）计税模式的选择

基于我国资源税计税模式的实施现状，我们不可能马上变更为从利润计征的模式，而是要分成两步走：第一步就是正在进行的从量计征转变为从价计征的计税模式，这个阶段是要改变资源税从量计征所形成的粗放的经济生产方式，进行资源产业调整；第二步是将从价计征转变为从利润计征的计税模式，这个阶段旨在减小企业的资源税负担，这样分成两步实施的资源税计税模式改革使资源税的计税模式的转变更加平稳和有序，不会造成太大的经济波动和产业调整负担。

（1）由从量计征到从价计征的改革

从2010年石油、天然气从价计征改革开始，我国资源税从价计征改革的范围逐渐扩大，现在煤炭、稀土、钨、钼都实施资源税从价计征。在政府实施资源税从价计征改革的背后，考虑的主要是以下几点原因。

首先，迫于我国实施可持续发展战略过程中节能降耗的压力。我国在经济发展过程中一直倡导人与自然和谐发展，使资源得到合理有效利用的方法之一就是将资源税的征收与市场价格结合起来，因为如果涉及资源企业自身的经济利益，他们自然会调整自己的经营方式。

其次，是充分发挥资源税调节作用的要求。资源税实施从价计征，将企业的税收负担与其经营收入结合起来，企业的税负变重，使政府能够通过税收来调节企业的经营行为。

最后，是基于增加地方财政收入，缩小地区差异的考虑。资源税属于地方税，在资源税从价计征的情况下，地方政府的财政收入增加了，同时将该地区由于资源开采产生的环境压力一部分转移到了经济发达地区的资源生产企业身上，也相对减小了其压力，缩小了地区差异。

（2）由从价计征到从利润计征的改革

我国资源税现在正在进行由从量计征到从价计征的改革，至于资源税的从利润计征，我们暂时还没有实施。分析外国的资源税从利润计征方式，我认为我国在从价计征改革实施完成之后，可以着手实施资源税由从价计征到从利润计征的改革。

从某些方面来看，我国已经完全具备了实施资源税从利润计征方式的条件。

首先，我国现在已经开始逐渐在全国范围内计划实施资源税的从价计征方式，这其实也有利于我国资源税的计征方式由从价计征转变为从利润计征，因为从利润计征的课税对象——企业的盈利——就是在企业的销售额的基础之上计算出来的，可以说从利润计征是从价计征之上的一种更合理的计算方式。

其次，我国现在各企业的会计核算方式已经很成熟，这对于资源税从利润计征方式下的应纳税额的计算来说，不会给企业造成多余的成本负担。

最后，在我国实施资源税从利润计征方式也不会给政府的收入造成很大的波动，因为资源税在政府的财政收入中所占的比重相对于其他税收收入来说并不是很大，政府征收资源税的最终目的是对资源的开发使用进行管理和控制，因此将资源税的计征方式由从价计征改为从利润计征从政府收入方面来说没有很大的影响。

附录3 矿产资源相关立法和政策文件

中华人民共和国资源税暂行条例

第一条 在中华人民共和国领域及管辖海域开采本条例规定的矿产品或者生产盐（以下称开采或者生产应税产品）的单位和个人，为资源税的纳税人，应当依照本条例缴纳资源税。

第二条 资源税的税目、税率，依照本条例所附《资源税税目税率表》及财政部的有关规定执行。

税目、税率的部分调整，由国务院决定。

第三条 纳税人具体适用的税率，在本条例所附《资源税税目税率表》规定的税率幅度内，根据纳税人所开采或者生产应税产品的资源品位、开采条件等情况，由财政部商国务院有关部门确定；财政部未列举名称且未确定具体适用税率的其他非金属矿原矿和有色金属矿原矿，由省、自治区、直辖市人民政府根据实际情况确定，报财政部和国家税务总局备案。

第四条 资源税的应纳税额，按照从价定率或者从量定额的办法，分别以应税产品的销售额乘以纳税人具体适用的比例税率或者以应税产品的销售数量乘以纳税人具体适用的定额税率计算。

第五条 纳税人开采或者生产不同税目应税产品的，应当分别核算不同税目应税产品的销售额或者销售数量；未分别核算或者不能准确提供不同税目应税产品的销售额或者销售数量的，从高适用税率。

第六条　纳税人开采或者生产应税产品，自用于连续生产应税产品的，不缴纳资源税；自用于其他方面的，视同销售，依照本条例缴纳资源税。

第七条　有下列情形之一的，减征或者免征资源税：

（一）开采原油过程中用于加热、修井的原油，免税。

（二）纳税人开采或者生产应税产品过程中，因意外事故或者自然灾害等原因遭受重大损失的，由省、自治区、直辖市人民政府酌情决定减税或者免税。

（三）国务院规定的其他减税、免税项目。

第八条　纳税人的减税、免税项目，应当单独核算销售额或者销售数量；未单独核算或者不能准确提供销售额或者销售数量的，不予减税或者免税。

第九条　纳税人销售应税产品，纳税义务发生时间为收讫销售款或者取得索取销售款凭据的当天；自产自用应税产品，纳税义务发生时间为移送使用的当天。

第十条　资源税由税务机关征收。

第十一条　收购未税矿产品的单位为资源税的扣缴义务人。

第十二条　纳税人应纳的资源税，应当向应税产品的开采或者生产所在地主管税务机关缴纳。纳税人在本省、自治区、直辖市范围内开采或者生产应税产品，其纳税地点需要调整的，由省、自治区、直辖市税务机关决定。

第十三条　纳税人的纳税期限为1日、3日、5日、10日、15日或者1个月，由主管税务机关根据实际情况具体核定。不能按固定期限计算纳税的，可以按次计算纳税。

纳税人以1个月为一期纳税的，自期满之日起10日内申报纳税；以1日、3日、5日、10日或者15日为一期纳税的，自期满之日起5日内预缴税款，于次月1日起10日内申报纳税并结清上月税款。

扣缴义务人的解缴税款期限，比照前两款的规定执行。

第十四条　资源税的征收管理，依照《中华人民共和国税收征收管理法》及本条例有关规定执行。

　　第十五条　本条例实施办法由财政部和国家税务总局制定。

　　第十六条　本条例自1994年1月1日起施行。1984年9月18日国务院发布的《中华人民共和国资源税条例（草案）》《中华人民共和国盐税条例（草案）》同时废止。

附：

资源税税目税率表

税　目		税　率
一、原油		销售额的5%~10%
二、天然气		销售额的5%~10%
三、煤炭	焦煤	每吨8~20元
	其他煤炭	每吨0.3~5元
四、其他非金属矿原矿	普通非金属矿原矿	每吨或者每立方米0.5~20元
	贵重非金属矿原矿	每千克或者每克拉0.5~20元
五、黑色金属矿原矿		每吨2~30元
六、有色金属矿原矿	稀土矿	每吨0.4~60元
	其他有色金属矿原矿	每吨0.4~30元
七、盐	固体盐	每吨10~60元
	液体盐	每吨2~10元

中华人民共和国资源税暂行条例(2011修订)[20110930]

国务院决定对《中华人民共和国资源税暂行条例》作如下修改：

一、第一条修改为："在中华人民共和国领域及管辖海域开采本条例规定的矿产品或者生产盐（以下称开采或者生产应税产品）的单位和个人，为资源税的纳税人，应当依照本条例缴纳资源税。"

二、第二条修改为："资源税的税目、税率，依照本条例所附《资源税税目税率表》及财政部的有关规定执行。"

"税目、税率的部分调整，由国务院决定。"

三、第三条修改为："纳税人具体适用的税率，在本条例所附《资源税税目税率表》规定的税率幅度内，根据纳税人所开采或者生产应税产品的资源品位、开采条件等情况，由财政部商国务院有关部门确定；财政部未列举名称且未确定具体适用税率的其他非金属矿原矿和有色金属矿原矿，由省、自治区、直辖市人民政府根据实际情况确定，报财政部和国家税务总局备案。"

四、第五条、第六条合并作为第四条，修改为："资源税的应纳税额，按照从价定率或者从量定额的办法，分别以应税产品的销售额乘以纳税人具体适用的比例税率或者以应税产品的销售数量乘以纳税人具体适用的定额税率计算。"

五、第四条作为第五条，修改为："纳税人开采或者生产不同税目应税产品的，应当分别核算不同税目应税产品的销售额或者销售数量；未分别核算或者不能准确提供不同税目应税产品的销售额或者销售数量的，从高适用税率。"

六、增加一条，作为第六条："纳税人开采或者生产应税产品，自用于连续生产应税产品的，不缴纳资源税；自用于其他方面的，视同销售，依照本条例缴纳资源税。"

七、第八条中的"课税数量"修改为"销售额或者销售数量"。

八、第十五条修改为："本条例实施办法由财政部和国家税务总局制定。"

九、将所附的《资源税税目税额幅度表》修改为：

资源税税目税率表

一、原油		销售额的5%~10%
二、天然气		销售额的5%~10%
三、煤炭	焦煤	每吨8~20元
	其他煤炭	每吨0.3~5元
四、其他非金属矿原矿	普通非金属矿原矿	每吨或者每立方米0.5~20元
	贵重非金属矿原矿	每千克或者每克拉0.5~20元
五、黑色金属矿原矿		每吨2~30元
六、有色金属矿原矿	稀土矿	每吨0.4~60元
	其他有色金属矿原矿	每吨0.4~30元
七、盐	固体盐	每吨10~60元
	液体盐	每吨2~10元

本决定自2011年11月1日起施行。

《中华人民共和国资源税暂行条例》根据本决定作相应的修改并对条文顺序作相应调整，重新公布。

煤炭资源税征收管理办法（试行）

第一条　为规范煤炭资源税从价计征管理，根据《中华人民共和国税收征收管理法》及其实施细则、《中华人民共和国资源税暂行条例》及其实施细则和《财政部　国家税务总局关于实施煤炭资源税改革的通知》（财税〔2014〕72号），以及相关法律、法规的规定，制定本办法。

第二条　纳税人开采并销售应税煤炭按从价定率办法计算缴纳资源税。应税煤炭包括原煤和以未税原煤（自采原煤）加工的洗选煤。

原煤是指开采出的毛煤经过简单选矸（矸石直径50mm以上）后的煤炭，以及经过筛选分类后的筛选煤等。

洗选煤是指经过筛选、破碎、水洗、风洗等物理化学工艺，去灰去矸后的煤炭产品，包括精煤、中煤、煤泥等，不包括煤矸石。

第三条　煤炭资源税应纳税额按照原煤或者洗选煤计税销售额乘以适用税率计算。

原煤计税销售额是指纳税人销售原煤向购买方收取的全部价款和价外费用，不包括收取的增值税销项税额以及从坑口到车站、码头或购买方指定地点的运输费用。

洗选煤计税销售额按洗选煤销售额乘以折算率计算。洗选煤销售额是指纳税人销售洗选煤向购买方收取的全部价款和价外费用，包括洗选副产品的销售额，不包括收取的增值税销项税额以及从洗选煤厂到车站、码头或购买方指定地点的运输费用。

第四条　在计算煤炭计税销售额时，纳税人原煤及洗选煤销售额中包含的运输费用、建设基金以及伴随运销产生的装卸、仓储、港杂等费用的扣减，按照《财政部 国家税务总局关于煤炭资源税费有关政策的补充通知》（财税〔2015〕70号）的规定执行。扣减的凭据包括有关发票或者经主管税务机关审核的其他凭据。

运输费用明显高于当地市场价格导致应税煤炭产品价格偏低，且无正当理由的，主管税务机关有权合理调整计税价格。

第五条　洗选煤折算率由省、自治区、直辖市财税部门或其授权地市级财税部门根据煤炭资源区域分布、煤质煤种等情况确定，体现有利于提高煤炭洗选率，促进煤炭清洁利用和环境保护的原则。

洗选煤折算率一经确定，原则上在一个纳税年度内保持相对稳定，但在煤炭市场行情、洗选成本等发生较大变化时可进行调整。

洗选煤折算率计算公式如下：

公式一：洗选煤折算率＝（洗选煤平均销售额−洗选环节平均成本−洗选环节平均利润）÷洗选煤平均销售额×100%

洗选煤平均销售额、洗选环节平均成本、洗选环节平均利润可按照上年当地行业平均水平测算确定。

公式二：洗选煤折算率＝原煤平均销售额÷（洗选煤平均销售额×综合回收率）×100%

原煤平均销售额、洗选煤平均销售额可按照上年当地行业平均水平测算确定。

综合回收率＝洗选煤数量÷入洗前原煤数量×100%

第六条　纳税人销售应税煤炭的，在销售环节缴纳资源税。纳税人以自采原煤直接或者经洗选加工后连续生产焦炭、煤气、煤化工、电力及其他煤炭深加工产品的，视同销售，在原煤或者洗选煤移送环节缴纳资源税。

第七条　纳税人煤炭开采地与洗选、核算地不在同一行政区域（县级以上）的，煤炭资源税在煤炭开采地缴纳。纳税人在本省、自治区、直辖市范围开采应税煤炭，其纳税地点需要调整的，由省、自治区、直辖市税务机关决定。

第八条　煤炭资源税的纳税申报按照《关于修订资源税纳税申报表的公告》（国家税务总局公告2014年第62号发布）及其他相关税收规定

执行。

第九条　纳税人申报的原煤或洗选煤销售价格明显偏低且无正当理由的，或者有视同销售应税煤炭行为而无销售价格的，主管税务机关应按下列顺序确定计税价格：

（一）按纳税人最近时期同类原煤或洗选煤的平均销售价格确定。

（二）按其他纳税人最近时期同类原煤或洗选煤的平均销售价格确定。

（三）按组成计税价格确定。

组成计税价格＝成本×（1＋成本利润率）÷（1－资源税税率）

公式中的成本利润率由省、自治区、直辖市地方税务局按同类应税煤炭的平均成本利润率确定。

（四）按其他合理方法确定。

第十条　纳税人与其关联企业之间的业务往来，应当按照独立企业之间的业务往来收取或支付价款、费用；不按照独立企业之间的业务往来收取或支付价款、费用，而减少其应纳税收入的，税务机关有权按照《中华人民共和国税收征收管理法》及其实施细则的有关规定进行合理调整。

第十一条　纳税人以自采原煤或加工的洗选煤连续生产焦炭、煤气、煤化工、电力等产品，自产自用且无法确定应税煤炭移送使用量的，可采取最终产成品的煤耗指标确定用煤量，即：煤电一体化企业可按照每千瓦时综合供电煤耗指标进行确定；煤化工一体化企业可按照煤化工产成品的原煤耗用率指标进行确定；其他煤炭连续生产企业可采取其产成品煤耗指标进行确定，或者参照其他合理方法进行确定。

第十二条　纳税人将自采原煤与外购原煤（包括煤矸石）进行混合后销售的，应当准确核算外购原煤的数量、单价及运费，在确认计税依据时可以扣减外购相应原煤的购进金额。

计税依据＝当期混合原煤销售额－
当期用于混售的外购原煤的购进金额
外购原煤的购进金额＝外购原煤的购进数量×单价

　　纳税人将自采原煤连续加工的洗选煤与外购洗选煤进行混合后销售的，比照上述有关规定计算缴纳资源税。

　　第十三条　纳税人以自采原煤和外购原煤混合加工洗选煤的，应当准确核算外购原煤的数量、单价及运费，在确认计税依据时可以扣减外购相应原煤的购进金额。

$$计税依据=当期洗选煤销售额×折算率-$$
$$当期用于混洗混售的外购原煤的购进金额$$
$$外购原煤的购进金额=外购原煤的购进数量×单价$$

　　第十四条　纳税人扣减当期外购原煤或者洗选煤购进额的，应当以增值税专用发票、普通发票或者海关报关单作为扣减凭证。

　　第十五条　煤炭资源税减征、免征按照《中华人民共和国资源税暂行条例》《财政部 国家税务总局关于实施煤炭资源税改革的通知》（财税〔2014〕72号）及其他相关政策和征管规定执行。

　　第十六条　各省、自治区、直辖市地方税务机关可依托信息化管理技术，参照全国性或主要港口动力煤价格指数即时信息以及当地煤炭工业主管部门已有的网上煤炭即时价格信息，建立本地煤炭资源税价格监控体系。

　　第十七条　税务机关应当加强煤炭资源税风险管理，构建煤炭资源税风险管理指标体系，依托现代化信息技术，对煤炭资源税管理的风险点进行识别、监控、预警，做好风险应对处置以及绩效评估工作。

　　第十八条　各级国地税机关应当加强配合，实现信息共享，省国税机关应将煤炭企业增值税开票信息等相关煤炭销售数据按月传递给省地税机关。

　　第十九条　各省、自治区、直辖市和计划单列市地方税务局可以结合本地实际，制定具体实施办法。

　　第二十条　本办法自2015年8月1日起施行。

财政部、国家税务总局关于实施煤炭资源税改革的通知

（财税〔2014〕72号）

各省、自治区、直辖市、计划单列市财政厅（局）、地方税务局，西藏、宁夏自治区国家税务局，新疆生产建设兵团财务局：

为促进资源节约集约利用和环境保护，推动转变经济发展方式，规范资源税费制度，经国务院批准，自2014年12月1日起在全国范围内实施煤炭资源税从价计征改革，同时清理相关收费基金。现将煤炭资源税改革有关事项通知如下：

一、关于计征方法

煤炭资源税实行从价定率计征。煤炭应税产品（以下简称应税煤炭）包括原煤和以未税原煤加工的洗选煤（以下简称洗选煤）。应纳税额的计算公式如下：

应纳税额＝应税煤炭销售额×适用税率

二、关于应税煤炭销售额

应税煤炭销售额依照《中华人民共和国资源税暂行条例实施细则》第五条和本通知的有关规定确定。

（一）纳税人开采原煤直接对外销售的，以原煤销售额作为应税煤炭销售额计算缴纳资源税。

原煤应纳税额＝原煤销售额×适用税率

原煤销售额不含从坑口到车站、码头等的运输费用。

（二）纳税人将其开采的原煤，自用于连续生产洗选煤的，在原煤移送使用环节不缴纳资源税；自用于其他方面的，视同销售原煤，依照《中华人民共和国资源税暂行条例实施细则》第七条和本通知的有关规

定确定销售额，计算缴纳资源税。

（三）纳税人将其开采的原煤加工为洗选煤销售的，以洗选煤销售额乘以折算率作为应税煤炭销售额计算缴纳资源税。

$$洗选煤应纳税额＝洗选煤销售额×折算率×适用税率$$

洗选煤销售额包括洗选副产品的销售额，不包括洗选煤从洗选煤厂到车站、码头等的运输费用。

折算率可通过洗选煤销售额扣除洗选环节成本、利润计算，也可通过洗选煤市场价格与其所用同类原煤市场价格的差额及综合回收率计算。折算率由省、自治区、直辖市财税部门或其授权地市级财税部门确定。

（四）纳税人将其开采的原煤加工为洗选煤自用的，视同销售洗选煤，依照《中华人民共和国资源税暂行条例实施细则》第七条和本通知有关规定确定销售额，计算缴纳资源税。

三、关于适用税率

煤炭资源税税率幅度为2%~10%，具体适用税率由省级财税部门在上述幅度内，根据本地区清理收费基金、企业承受能力、煤炭资源条件等因素提出建议，报省级人民政府拟定。结合当前煤炭行业实际情况，现行税费负担较高的地区要适当降低负担水平。省级人民政府需将拟定的适用税率在公布前报财政部、国家税务总局审批。

跨省煤田的适用税率由财政部、国家税务总局确定。

四、关于税收优惠

（一）对衰竭期煤矿开采的煤炭，资源税减征30%。

衰竭期煤矿，是指剩余可采储量下降到原设计可采储量的20%（含）以下，或者剩余服务年限不超过五年的煤矿。

（二）对充填开采置换出来的煤炭，资源税减征50%。

纳税人开采的煤炭，同时符合上述减税情形的，纳税人只能选择其中一项执行，不能叠加适用。

五、关于征收管理

（一）纳税人同时销售（包括视同销售）应税原煤和洗选煤的，应当分别核算原煤和洗选煤的销售额；未分别核算或者不能准确提供原煤和洗选煤销售额的，一并视同销售原煤按本通知第二条第（一）款计算缴纳资源税。

（二）纳税人同时以自采未税原煤和外购已税原煤加工洗选煤的，应当分别核算；未分别核算的，按本通知第二条第（三）款计算缴纳资源税。

（三）纳税人2014年12月1日前开采或洗选的应税煤炭，在2014年12月1日后销售和自用的，按本通知规定缴纳资源税；2014年12月1日前签订的销售应税煤炭的合同，在2014年12月1日后收讫销售款或者取得索取销售款凭据的，按本通知规定缴纳资源税。

各地应结合当地实际情况制定具体实施办法，报财政部、国家税务总局备案。对煤炭资源税改革运行中出现的问题，请及时上报财政部、国家税务总局。

此前有关规定与本通知不一致的，一律以本通知为准。

财政部
国家税务总局
2014年10月9日

财政部、国家税务总局关于调整原油、
天然气资源税有关政策的通知

（财税〔2014〕73号）

各省、自治区、直辖市、计划单列市财政厅（局）、地方税务局，天津、上海、广东、深圳、西藏、宁夏、海南省（自治区、直辖市、计划单列市）国家税务局，新疆生产建设兵团财务局：

根据国务院常务会议精神，现将原油、天然气资源税有关政策通知如下：

一、关于原油、天然气资源税适用税率

原油、天然气矿产资源补偿费费率降为0，相应将资源税适用税率由5%提高至6%。

二、关于原油、天然气资源税优惠政策

（一）对油田范围内运输稠油过程中用于加热的原油、天然气免征资源税。

（二）对稠油、高凝油和高含硫天然气资源税减征40%。

稠油，是指地层原油黏度大于或等于50毫帕/秒或原油密度大于或等于0.92克/立方厘米的原油。高凝油，是指凝固点大于40℃的原油。高含硫天然气，是指硫化氢含量大于或等于30克/立方米的天然气。

（三）对三次采油资源税减征30%。

三次采油，是指二次采油后继续以聚合物驱、复合驱、泡沫驱、气水交替驱、二氧化碳驱、微生物驱等方式进行采油。

（四）对低丰度油气田资源税暂减征20%。

陆上低丰度油田，是指每平方公里原油可采储量丰度在25万立方米（不含）以下的油田；陆上低丰度气田，是指每平方千米天然气可采储量丰度在2.5亿立方米（不含）以下的气田。

海上低丰度油田，是指每平方公里原油可采储量丰度在60万立方米（不含）以下的油田；海上低丰度气田，是指每平方公里天然气可采储量丰度在6亿立方米（不含）以下的气田。

（五）对深水油气田资源税减征30%。

深水油气田，是指水深超过300米（不含）的油气田。

符合上述减免税规定的原油、天然气划分不清的，一律不予减免资源税；同时符合上述两项及两项以上减税规定的，只能选择其中一项执行，不能叠加适用。

财政部和国家税务总局根据国家有关规定及实际情况的变化适时对上述政策进行调整。

三、关于原油、天然气资源税优惠政策实施

为便于征管，对开采稠油、高凝油、高含硫天然气、低丰度油气资源及三次采油的陆上油气田企业，根据以前年度符合上述减税规定的原油、天然气销售额占其原油、天然气总销售额的比例，确定资源税综合减征率和实际征收率，计算资源税应纳税额。计算公式为：

综合减征率=∑（减税项目销售额×减征幅度×6%）÷总销售额

实际征收率=6%－综合减征率

应纳税额=总销售额×实际征收率

中国石油天然气集团公司和中国石油化工集团公司（以下简称中石油、中石化）陆上油气田企业的综合减征率和实际征收率由财政部和国家税务总局确定，具体综合减征率和实际征收率按本通知所附《陆上油气田企业原油、天然气资源税综合减征率和实际征收率表》（以下简称附表）执行。今后财政部和国家税务总局将根据陆上油气田企业原油、天然气资源状况、产品结构的实际变化等情况对附表内容进行调整。附表中未列举的中石油、中石化陆上对外合作油气田及全资和控股陆上油气田企业，比照附表中所列同一区域油气田企业的综合减征率和实际征收率执行；其他陆上油气田企业的综合减征率和实际征收率，暂比照附表中邻近油气田企业的综合减征率和实际征收率执行。

海上油气田开采符合本通知所列资源税优惠规定的原油、天然气，由主管税务机关据实计算资源税减征额。

四、关于中外合作油气田及海上自营油气田资源税征收管理

（一）开采海洋或陆上油气资源的中外合作油气田，在2011年11月1日前已签订的合同继续缴纳矿区使用费，不缴纳资源税；自2011年11月1日起新签订的合同缴纳资源税，不再缴纳矿区使用费。

开采海洋油气资源的自营油气田，自2011年11月1日起缴纳资源税，不再缴纳矿区使用费。

（二）开采海洋或陆上油气资源的中外合作油气田，按实物量计算缴纳资源税，以该油气田开采的原油、天然气扣除作业用量和损耗量之后的原油、天然气产量作为课税数量。中外合作油气田的资源税由作业者负责代扣，申报缴纳事宜由参与合作的中国石油公司负责办理。计征的原油、天然气资源税实物随同中外合作油气田的原油、天然气一并销售，按实际销售额（不含增值税）扣除其本身所发生的实际销售费用后入库。

海上自营油气田比照上述规定执行。

（三）海洋原油、天然气资源税由国家税务总局海洋石油税务管理机构负责征收管理。

本通知自2014年12月1日起执行。《财政部　国家税务总局关于原油天然气资源税改革有关问题的通知》（财税〔2011〕114号）同时废止。

财政部
国家税务总局
2014年10月9日

附：

陆上油气田企业原油、天然气资源税综合减征率和实际征收率表

序号	油气田企业	所在省份	综合减征率(%)	实际征收率(%)
1	大庆油田有限责任公司	内蒙古 黑龙江 新疆	0.78	5.22
2	中国石油天然气股份有限公司辽河油田分公司	内蒙古 辽宁 海南	1.44	4.56
3	中国石油天然气股份有限公司吉林油田分公司	吉林	1.03	4.97
4	中国石油天然气股份有限公司大港油田分公司	天津 河北	0.82	5.18
5	中国石油天然气股份有限公司华北油田分公司	河北 山西 内蒙古	1.09	4.91
6	中国石油天然气股份有限公司冀东油田分公司	河北	0.26	5.74
7	中国石油天然气股份有限公司浙江油田分公司	江苏 四川 云南	2.4	3.60
8	南方石油勘探开发有限责任公司	广东 广西 海南	0	6
9	中国石油天然气股份有限公司西南油气田分公司	重庆 四川	0.68	5.32
10	中国石油天然气股份有限公司长庆油田分公司	山西 内蒙古 陕西 甘肃 宁夏	1.09	4.91
11	中国石油天然气股份有限公司玉门油田分公司	甘肃	0.04	5.96
12	中国石油天然气股份有限公司青海油田分公司	甘肃 青海	0.40	5.60
13	中国石油天然气股份有限公司新疆油田分公司	新疆	0.44	5.56
14	中国石油天然气股份有限公司塔里木油田分公司	新疆	0.05	5.95
15	中国石油天然气股份有限公司吐哈油田分公司	甘肃 新疆	0.53	5.47
16	中国石油化工股份有限公司胜利油田分公司	山东 新疆	1.44	4.56

续表

序号	油气田企业	所在省份	综合减征率(%)	实际征收率(%)
17	中国石油化工股份有限公司中原油田分公司	内蒙古 山东 河南	1.2	4.80
18	中国石油化工股份有限公司河南油田分公司	河南	1.57	4.43
19	中国石油化工股份有限公司江汉油田分公司	湖北 重庆	0.61	5.39
20	中国石油化工股份有限公司江苏油田分公司	江苏 安徽	0.34	5.66
21	中国石油化工股份有限公司西北油田分公司	新疆	2.16	3.84
22	中国石油化工股份有限公司西南油气分公司	广西 四川 贵州 云南	1.2	4.80
23	中国石油化工股份有限公司华东分公司	江苏 重庆	0.97	5.03
24	中国石油化工股份有限公司华北分公司	内蒙古 陕西 甘肃 宁夏	1.2	4.80
25	中国石油化工股份有限公司东北油气分公司	吉林 辽宁	0.53	5.47
26	中国石油化工股份有限公司中原油田普光分公司	四川	2.4	3.60
27	中国石油化工股份有限公司河南油田分公司新疆勘探开发中心	新疆	0	6

财政部、国家税务总局关于实施稀土、钨、钼资源税从价计征改革的通知

（财税〔2015〕52号）

各省、自治区、直辖市、计划单列市财政厅（局）、地方税务局，西藏、宁夏回族自治区国家税务局，新疆生产建设兵团财务局：

经国务院批准，自2015年5月1日起实施稀土、钨、钼资源税清费立税、从价计征改革。现将有关事项通知如下：

一、关于计征办法

稀土、钨、钼资源税由从量定额计征改为从价定率计征。稀土、钨、钼应税产品包括原矿和以自采原矿加工的精矿。

纳税人将其开采的原矿加工为精矿销售的，按精矿销售额（不含增值税）和适用税率计算缴纳资源税。纳税人开采并销售原矿的，将原矿销售额（不含增值税）换算为精矿销售额计算缴纳资源税。应纳税额的计算公式为：

$$应纳税额 = 精矿销售额 \times 适用税率$$

二、关于适用税率

轻稀土按地区执行不同的适用税率，其中，内蒙古为11.5%、四川为9.5%、山东为7.5%。

中重稀土资源税适用税率为27%。

钨资源税适用税率为6.5%。

钼资源税适用税率为11%。

三、关于精矿销售额

精矿销售额依照《中华人民共和国资源税暂行条例实施细则》第五条和本通知的有关规定确定。精矿销售额的计算公式为：

精矿销售额＝精矿销售量×单位价格

精矿销售额不包括从洗选厂到车站、码头或用户指定运达地点的运输费用。

轻稀土精矿是指从轻稀土原矿中经过洗选等初加工生产的矿岩型稀土精矿，包括氟碳铈矿精矿、独居石精矿以及混合型稀土精矿等。提取铁精矿后含稀土氧化物（REO）的矿浆或尾矿，视同稀土原矿。轻稀土精矿按折一定比例稀土氧化物的交易量和交易价计算确定销售额。

中重稀土精矿包括离子型稀土矿和磷钇矿精矿。离子型稀土矿是指通过离子交换原理提取的各种形态离子型稀土矿（包括稀土料液、碳酸稀土、草酸稀土等）和再通过灼烧、氧化的混合稀土氧化物。离子型稀土矿按折92%稀土氧化物的交易量和交易价计算确定销售额。

钨精矿是指由钨原矿经重选、浮选、电选、磁选等工艺生产出的三氧化钨含量达到一定比例的精矿。钨精矿按折65%三氧化钨的交易量和交易价计算确定销售额。

钼精矿是指钼原矿经过浮选等工艺生产出的钼含量达到一定比例的精矿。钼精矿按折45%钼金属的交易量和交易价计算确定销售额。

纳税人申报的精矿销售价格明显偏低且无正当理由的、有视同销售精矿行为而无销售额的，依照《中华人民共和国资源税暂行条例实施细则》第七条和本通知的有关规定确定计税价格及销售额。

四、关于原矿销售额与精矿销售额的换算

纳税人销售（或者视同销售）其自采原矿的，可采用成本法或市场法将原矿销售额换算为精矿销售额计算缴纳资源税。其中成本法公式为：

精矿销售额＝原矿销售额＋原矿加工为精矿的成本×（1＋成本利润率）

市场法公式为：

$$精矿销售额 = 原矿销售额 \times 换算比$$

$$换算比 = 同类精矿单位价格 \div (原矿单位价格 \times 选矿比)$$

$$选矿比 = 加工精矿耗用的原矿数量 \div 精矿数量$$

原矿销售额不包括从矿区到车站、码头或用户指定运达地点的运输费用。

五、关于共生矿、伴生矿的纳税

与稀土共生、伴生的铁矿石，在计征铁矿石资源税时，准予扣减其中共生、伴生的稀土矿石数量。

与稀土、钨和钼共生、伴生的应税产品，或者稀土、钨和钼为共生、伴生矿的，在改革前未单独计征资源税的，改革后暂不计征资源税。

六、关于纳税环节

纳税人将其开采的原矿加工为精矿销售的，在销售环节计算缴纳资源税。

纳税人将其开采的原矿，自用于连续生产精矿的，在原矿移送使用环节不缴纳资源税，加工为精矿后按规定计算缴纳资源税。

纳税人将自采原矿加工为精矿自用或者进行投资、分配、抵债以及以物易物等情形的，视同销售精矿，依照有关规定计算缴纳资源税。

纳税人将其开采的原矿对外销售的，在销售环节缴纳资源税；纳税人将其开采的原矿连续生产非精矿产品的，视同销售原矿，依照有关规定计算缴纳资源税。

七、关于纳税地点

稀土、钨、钼按精矿销售额计征资源税后，其纳税地点仍按照《中华人民共和国资源税暂行条例》的规定执行。

八、其他征管事项

（一）纳税人同时以自采未税原矿和外购已税原矿加工精矿的，应当分别核算；未分别核算的，一律视同以未税原矿加工精矿，计算缴纳资源税。

（二）纳税人与其关联企业之间的业务往来，应当按照独立企业之间的业务往来收取或支付价款、费用；不按照独立企业之间的业务往来收取或支付价款、费用，而减少其应纳税收入的，税务机关有权按照《中华人民共和国税收征收管理法》及其实施细则的有关规定进行合理调整。

（三）纳税人2015年5月1日前开采的原矿或加工的精矿，在2015年5月1日后销售和自用的，按本通知规定缴纳资源税；2015年5月1日前签订的销售原矿或精矿的合同，在2015年5月1日后收讫销售款或者取得索取销售款凭据的，按本通知规定缴纳资源税。

（四）2015年5月1日后销售的精矿，其所用原矿如果此前已按从量定额办法缴纳了资源税，这部分已缴税款可在其应纳税额中抵减。

此前有关规定与本通知不一致的，一律以本通知为准。对改革运行中出现的问题，请及时上报财政部、国家税务总局。

财政部
国家税务总局
2015年4月30日

中华人民共和国矿产资源法

第一章 总 则

第一条 为了发展矿业，加强矿产资源的勘查、开发利用和保护工作，保障社会主义现代化建设的当前和长远的需要，根据中华人民共和国宪法，特制定本法。

第二条 在中华人民共和国领域及管辖海域勘查、开采矿产资源，必须遵守本法。

第三条 矿产资源属于国家所有，由国务院行使国家对矿产资源的所有权。地表或者地下的矿产资源的国家所有权，不因其所依附的土地的所有权或者使用权的不同而改变。

国家保障矿产资源的合理开发利用。禁止任何组织或者个人用任何手段侵占或者破坏矿产资源。各级人民政府必须加强矿产资源的保护工作。

勘查、开采矿产资源，必须依法分别申请、经批准取得探矿权、采矿权，并办理登记；但是，已经依法申请取得采矿权的矿山企业在划定的矿区范围内为本企业的生产而进行的勘查除外。国家保护探矿权和采矿权不受侵犯，保障矿区和勘查作业区的生产秩序、工作秩序不受影响和破坏。

从事矿产资源勘查和开采的，必须符合规定的资质条件。

第四条 国家保障依法设立的矿山企业开采矿产资源的合法权益。

国有矿山企业是开采矿产资源的主体。国家保障国有矿业经济的巩固和发展。

第五条 国家实行探矿权、采矿权有偿取得的制度；但是，国家对探矿权、采矿权有偿取得的费用，可以根据不同情况规定予以减缴、免缴。具体办法和实施步骤由国务院规定。

开采矿产资源，必须按照国家有关规定缴纳资源税和资源补偿费。

第六条　除按下列规定可以转让外，探矿权、采矿权不得转让：

（一）探矿权人有权在划定的勘查作业区内进行规定的勘查作业，有权优先取得勘查作业区内矿产资源的采矿权。探矿权人在完成规定的最低勘查投入后，经依法批准，可以将探矿权转让他人。

（二）已取得采矿权的矿山企业，因企业合并、分立，与他人合资、合作经营，或者因企业资产出售以及有其他变更企业资产产权的情形而需要变更采矿权主体的，经依法批准可以将采矿权转让他人。

前款规定的具体办法和实施步骤由国务院规定。

禁止将探矿权、采矿权倒卖牟利。

第七条　国家对矿产资源的勘查、开发实行统一规划、合理布局、综合勘查、合理开采和综合利用的方针。

第八条　国家鼓励矿产资源勘查、开发的科学技术研究，推广先进技术，提高矿产资源勘查、开发的科学技术水平。

第九条　在勘查、开发、保护矿产资源和进行科学技术研究等方面成绩显著的单位和个人，由各级人民政府给予奖励。

第十条　国家在民族自治地方开采矿产资源，应当照顾民族自治地方的利益，做出有利于民族自治地方经济建设的安排，照顾当地少数民族群众的生产和生活。

民族自治地方的自治机关根据法律规定和国家的统一规划，对可以由本地方开发的矿产资源，优先合理开发利用。

第十一条　国务院地质矿产主管部门主管全国矿产资源勘查、开采的监督管理工作。国务院有关主管部门协助国务院地质矿产主管部门进行矿产资源勘查、开采的监督管理工作。

省、自治区、直辖市人民政府地质矿产主管部门主管本行政区域内矿产资源勘查、开采的监督管理工作。省、自治区、直辖市人民政府有关主管部门协助同级地质矿产主管部门进行矿产资源勘查、开采的监督管理工作。

第二章　矿产资源勘查的登记和开采的审批

第十二条　国家对矿产资源勘查实行统一的区块登记管理制度。矿产资源勘查登记工作，由国务院地质矿产主管部门负责；特定矿种的矿产资源勘查登记工作，可以由国务院授权有关主管部门负责。矿产资源勘查区块登记管理办法由国务院制定。

第十三条　国务院矿产储量审批机构或者省、自治区、直辖市矿产储量审批机构负责审查批准供矿山建设设计使用的勘探报告，并在规定的期限内批复报送单位。勘探报告未经批准，不得作为矿山建设设计的依据。

第十四条　矿产资源勘查成果档案资料和各类矿产储量的统计资料，实行统一的管理制度，按照国务院规定汇交或者填报。

第十五条　设立矿山企业，必须符合国家规定的资质条件，并依照法律和国家有关规定，由审批机关对其矿区范围、矿山设计或者开采方案、生产技术条件、安全措施和环境保护措施等进行审查，审查合格的，方予批准。

第十六条　开采下列矿产资源的，由国务院地质矿产主管部门审批，并颁发采矿许可证：

（一）国家规划矿区和对国民经济具有重要价值的矿区内的矿产资源；

（二）前项规定区域以外可供开采的矿产储量规模在大型以上的矿产资源；

（三）国家规定实行保护性开采的特定矿种；

（四）领海及中国管辖的其他海域的矿产资源；

（五）国务院规定的其他矿产资源。

开采石油、天然气、放射性矿产等特定矿种的，可以由国务院授权的有关主管部门审批，并颁发采矿许可证。

开采第（一）款、第（二）款规定以外的矿产资源，其可供开采的矿产的储量规模为中型的，由省、自治区、直辖市人民政府地质矿产主管部门审批和颁发采矿许可证。

开采第（一）款、第（二）款和第（三）款规定以外的矿产资源的管理办法，由省、自治区、直辖市人民代表大会常务委员会依法制定。

依照第（三）款、第（四）款的规定审批和颁发采矿许可证的，由省、自治区、直辖市人民政府地质矿产主管部门汇总向国务院地质矿产主管部门备案。

矿产储量规模的大型、中型的划分标准，由国务院矿产储量审批机构规定。

第十七条　国家对国家规划矿区、对国民经济具有重要价值的矿区和国家规定实行保护性开采的特定矿种，实行有计划的开采；未经国务院有关主管部门批准，任何单位和个人不得开采。

第十八条　国家规划矿区的范围、对国民经济具有重要价值的矿区的范围、矿山企业矿区的范围依法划定后，由划定矿区范围的主管机关通知有关县级人民政府予以公告。

矿山企业变更矿区范围，必须报请原审批机关批准，并报请原颁发采矿许可证的机关重新核发采矿许可证。

第十九条　地方各级人民政府应当采取措施，维护本行政区域内的国有矿山企业和其他矿山企业矿区范围内的正常秩序。

禁止任何单位和个人进入他人依法设立的国有矿山企业和其他矿山企业矿区范围内采矿。

第二十条　非经国务院授权的有关主管部门同意，不得在下列地区开采矿产资源：

（一）港口、机场、国防工程设施圈定地区以内；

（二）重要工业区、大型水利工程设施、城镇市政工程设施附近一定距离以内；

（三）铁路、重要公路两侧一定距离以内；

（四）重要河流、堤坝两侧一定距离以内；

（五）国家划定的自然保护区、重要风景区，国家重点保护的不能移动的历史文物和名胜古迹所在地；

（六）国家规定不得开采矿产资源的其他地区。

第二十一条　关闭矿山，必须提出矿山闭坑报告及有关采掘工程、不安全隐患、土地复垦利用、环境保护的资料，并按照国家规定报请审查批准。

第二十二条　勘查、开采矿产资源时，发现具有重大科学文化价值的罕见地质现象以及文化古迹，应当加以保护并及时报告有关部门。

第三章　矿产资源的勘查

第二十三条　区域地质调查按照国家统一规划进行。区域地质调查的报告和图件按照国家规定验收，提供有关部门使用。

第二十四条　矿产资源普查在完成主要矿种普查任务的同时，应当对工作区内包括共生或者伴生矿产的成矿地质条件和矿床工业远景做出初步综合评价。

第二十五条　矿床勘探必须对矿区内具有工业价值的共生和伴生矿产进行综合评价，并计算其储量。未作综合评价的勘探报告不予批准。但是，国务院计划部门另有规定的矿床勘探项目除外。

第二十六条　普查、勘探易损坏的特种非金属矿产、流体矿产、易燃易爆易溶矿产和含有放射性元素的矿产，必须采用省级以上人民政府有关主管部门规定的普查、勘探方法，并有必要的技术装备和安全措施。

第二十七条　矿产资源勘查的原始地质编录和图件，岩矿心、测试样品和其他实物标本资料，各种勘查标志，应当按照有关规定保护和保存。

第二十八条　矿床勘探报告及其他有价值的勘查资料，按照国务院规定实行有偿使用。

第四章　矿产资源的开采

第二十九条　开采矿产资源，必须采取合理的开采顺序、开采方法和选矿工艺。矿山企业的开采回采率、采矿贫化率和选矿回收率应当达到设计要求。

第三十条 在开采主要矿产的同时，对具有工业价值的共生和伴生矿产应当统一规划，综合开采，综合利用，防止浪费；对暂时不能综合开采或者必须同时采出而暂时还不能综合利用的矿产以及含有有用组分的尾矿，应当采取有效的保护措施，防止损失破坏。

第三十一条 开采矿产资源，必须遵守国家劳动安全卫生规定，具备保障安全生产的必要条件。

第三十二条 开采矿产资源，必须遵守有关环境保护的法律规定，防止污染环境。

开采矿产资源，应当节约用地。耕地、草原、林地因采矿受到破坏的，矿山企业应当因地制宜地采取复垦利用、植树种草或者其他利用措施。

开采矿产资源给他人生产、生活造成损失的，应当负责赔偿，并采取必要的补救措施。

第三十三条 在建设铁路、工厂、水库、输油管道、输电线路和各种大型建筑物或者建筑群之前，建设单位必须向所在省、自治区、直辖市地质矿产主管部门了解拟建工程所在地区的矿产资源分布和开采情况。非经国务院授权的部门批准，不得压覆重要矿床。

第三十四条 国务院规定由指定的单位统一收购的矿产品，任何其他单位或者个人不得收购；开采者不得向非指定单位销售。

第五章 集体矿山企业和个体采矿

第三十五条 国家对集体矿山企业和个体采矿实行积极扶持、合理规划、正确引导、加强管理的方针，鼓励集体矿山企业开采国家指定范围内的矿产资源，允许个人采挖零星分散资源和只能用作普通建筑材料的砂、石、黏土以及为生活自用采挖少量矿产。

矿产储量规模适宜由矿山企业开采的矿产资源、国家规定实行保护性开采的特定矿种和国家规定禁止个人开采的其他矿产资源，个人不得开采。

国家指导、帮助集体矿山企业和个体采矿不断提高技术水平、资源利用率和经济效益。

地质矿产主管部门、地质工作单位和国有矿山企业应当按照积极支持、有偿互惠的原则向集体矿山企业和个体采矿提供地质资料和技术服务。

第三十六条 国务院和国务院有关主管部门批准开办的矿山企业矿区范围内已有的集体矿山企业，应当关闭或者到指定的其他地点开采，由矿山建设单位给予合理的补偿，并妥善安置群众生活；也可以按照该矿山企业的统筹安排，实行联合经营。

第三十七条 集体矿山企业和个体采矿应当提高技术水平，提高矿产资源回收率。禁止乱挖滥采，破坏矿产资源。

集体矿山企业必须测绘井上、井下工程对照图。

第三十八条 县级以上人民政府应当指导、帮助集体矿山企业和个体采矿进行技术改造，改善经营管理，加强安全生产。

第六章 法律责任

第三十九条 违反本法规定，未取得采矿许可证擅自采矿的，擅自进入国家规划矿区、对国民经济具有重要价值的矿区范围采矿的，擅自开采国家规定实行保护性开采的特定矿种的，责令停止开采、赔偿损失，没收采出的矿产品和违法所得，可以并处罚款；拒不停止开采，造成矿产资源破坏的，依照刑法第一百五十六条的规定对直接责任人员追究刑事责任。

单位和个人进入他人依法设立的国有矿山企业和其他矿山企业矿区范围内采矿的，依照前款规定处罚。

第四十条 超越批准的矿区范围采矿的，责令退回本矿区范围内开采、赔偿损失，没收越界开采的矿产品和违法所得，可以并处罚款；拒不退回本矿区范围内开采，造成矿产资源破坏的，吊销采矿许可证，依照刑法第一百五十六条的规定对直接责任人员追究刑事责任。

第四十一条 盗窃、抢夺矿山企业和勘查单位的矿产品和其他财物的，破坏采矿、勘查设施的，扰乱矿区和勘查作业区的生产秩序、工作秩序的，分别依照刑法有关规定追究刑事责任；情节显著轻微的，依照治安管理处罚条例有关规定予以处罚。

第四十二条 买卖、出租或者以其他形式转让矿产资源的，没收违法所得，处以罚款。

违反本法第六条的规定将探矿权、采矿权倒卖牟利的，吊销勘查许可证、采矿许可证，没收违法所得，处以罚款。

第四十三条 违反本法规定收购和销售国家统一收购的矿产品的，没收矿产品和违法所得，可以并处罚款；情节严重的，依照刑法第一百一十七条、第一百一十八条的规定，追究刑事责任。

第四十四条 违反本法规定，采取破坏性的开采方法开采矿产资源的，处以罚款，可以吊销采矿许可证；造成矿产资源严重破坏的，依照刑法第一百五十六条的规定对直接责任人员追究刑事责任。

第四十五条 本法第三十九条、第四十条、第四十二条规定的行政处罚，由县级以上人民政府负责地质矿产管理工作的部门按照国务院地质矿产主管部门规定的权限决定。第四十三条规定的行政处罚，由县级以上人民政府工商行政管理部门决定。第四十四条规定的行政处罚，由省、自治区、直辖市人民政府地质矿产主管部门决定。给予吊销勘查许可证或者采矿许可证处罚的，须由原发证机关决定。

依照第三十九条、第四十条、第四十二条、第四十四条规定应当给予行政处罚而不给予行政处罚的，上级人民政府地质矿产主管部门有权责令改正或者直接给予行政处罚。

第四十六条 当事人对行政处罚决定不服的，可以依法申请复议，也可以依法直接向人民法院起诉。

当事人逾期不申请复议也不向人民法院起诉，又不履行处罚决定的，由做出处罚决定的机关申请人民法院强制执行。

第四十七条 负责矿产资源勘查、开采监督管理工作的国家工作人员和其他有关国家工作人员徇私舞弊、滥用职权或者玩忽职守，违反本法规定批准勘查、开采矿产资源和颁发勘查许可证、采矿许可证，或者对违法采矿行为不依法予以制止、处罚，构成犯罪的，依法追究刑事责任；不构成犯罪的，给予行政处分。违法颁发的勘查许可证、采矿许可证，上级人民政府地质矿产主管部门有权予以撤销。

第四十八条 以暴力、威胁方法阻碍从事矿产资源勘查、开采监督管理工作的国家工作人员依法执行职务的，依照刑法第一百五十七条的规定追究刑事责任；拒绝、阻碍从事矿产资源勘查、开采监督管理工作的国家工作人员依法执行职务未使用暴力、威胁方法的，由公安机关依照治安管理处罚条例的规定处罚。

第四十九条 矿山企业之间的矿区范围的争议，由当事人协商解决，协商不成的，由有关县级以上地方人民政府根据依法核定的矿区范围处理；跨省、自治区、直辖市的矿区范围的争议，由有关省、自治区、直辖市人民政府协商解决，协商不成的，由国务院处理。

第七章 附 则

第五十条 外商投资勘查、开采矿产资源，法律、行政法规另有规定的，从其规定。

第五十一条 本法施行以前，未办理批准手续、未划定矿区范围、未取得采矿许可证开采矿产资源的，应当依照本法有关规定申请补办手续。

第五十二条 本法实施细则由国务院制定。

第五十三条 本法自1986年10月1日起施行。

中华人民共和国矿产资源法实施细则

第一章 总 则

第一条 根据《中华人民共和国矿产资源法》，制定本细则。

第二条 矿产资源是指由地质作用形成的，具有利用价值的，呈固态、液态、气态的自然资源。

矿产资源的矿种和分类见本细则所附《矿产资源分类细目》。新发现的矿种由国务院地质矿产主管部门报国务院批准后公布。

第三条 矿产资源属于国家所有，地表或者地下的矿产资源的国家所有权，不因其所依附的土地的所有权或者使用权的不同而改变。

国务院代表国家行使矿产资源的所有权。国务院授权国务院地质矿产主管部门对全国矿产资源分配实施统一管理。

第四条 在中华人民共和国领域及管辖的其他海域勘查、开采矿产资源，必须遵守《中华人民共和国矿产资源法》（以下简称《矿产资源法》）和本细则。

第五条 国家对矿产资源的勘查、开采实行许可证制度。勘查矿产资源，必须依法申请登记，领取勘查许可证，取得探矿权；开采矿产资源，必须依法申请登记，领取采矿许可证，取得采矿权。

矿产资源勘查工作区范围和开采矿区范围，以经纬度划分的区块为基本单位。具体办法由国务院地质矿产主管部门制定。

第六条 《矿产资源法》及本细则中下列用语的含义：

探矿权，是指在依法取得的勘查许可证规定的范围内，勘查矿产资源的权利。取得勘查许可证的单位或者个人称为探矿权人。

采矿权，是指在依法取得的采矿许可证规定的范围内，开采矿产资源和获得所开采的矿产品的权利。取得采矿许可证的单位或者个人称为采矿权人。

国家规定实行保护性开采的特定矿种，是指国务院根据国民经济建设和高科技发展的需要，以及资源稀缺、贵重程度确定的，由国务院有关主管部门按照国家计划批准开采的矿种。

国家规划矿区，是指国家根据建设规划和矿产资源规划，为建设大、中型矿山划定的矿产资源分布区域。

对国民经济具有重要价值的矿区，是指国家根据国民经济发展需要划定的，尚未列入国家建设规划的，储量大、质量好、具有开发前景的矿产资源保护区域。

第七条　国家允许外国的公司、企业和其他经济组织以及个人依照中华人民共和国有关法律、行政法规的规定，在中华人民共和国领域及管辖的其他海域投资勘查、开采矿产资源。

第八条　国务院地质矿产主管部门主管全国矿产资源勘查、开采的监督管理工作。国务院有关主管部门按照国务院规定的职责分工，协助国务院地质矿产主管部门进行矿产资源勘查、开采的监督管理工作。

省、自治区、直辖市人民政府地质矿产主管部门主管本行政区域内矿产资源勘查、开采的监督管理工作。省、自治区、直辖市人民政府有关主管部门，协助同级地质矿产主管部门进行矿产资源勘查、开采的监督管理工作。

设区的市人民政府、自治州人民政府和县级人民政府及其负责管理矿产资源的部门，依法对本级人民政府批准开办的国有矿山企业和本行政区域内的集体所有制矿山企业、私营矿山企业、个体采矿者以及在本行政区域内从事勘查施工的单位和个人进行监督管理，依法保护探矿权人、采矿权人的合法权益。

上级地质矿产主管部门有权对下级地质矿产主管部门违法的或者不适当的矿产资源勘查、开采管理行政行为予以改变或者撤销。

第二章　矿产资源勘查登记和开采审批

第九条　勘查矿产资源，应当按照国务院关于矿产资源勘查登记管理的规定，办理申请、审批和勘查登记。

勘查特定矿种，应当按照国务院有关规定办理申请、审批和勘查登记。

第十条　国有矿山企业开采矿产资源，应当按照国务院关于采矿登记管理的规定，办理申请、审批和采矿登记。开采国家规划矿区、对国民经济具有重要价值矿区的矿产和国家规定实行保护性开采的特定矿种，办理申请、审批和采矿登记时，应当持有国务院有关主管部门批准的文件。

开采特定矿种，应当按照国务院有关规定办理申请、审批和采矿登记。

第十一条　开办国有矿山企业，除应当具备有关法律、法规规定的条件外，并应当具备下列条件：

（一）有供矿山建设使用的矿产勘查报告；

（二）有矿山建设项目的可行性研究报告（含资源利用方案和矿山环境影响报告）；

（三）有确定的矿区范围和开采范围；

（四）有矿山设计；

（五）有相应的生产技术条件。

国务院、国务院有关主管部门和省、自治区、直辖市人民政府，按照国家有关固定资产投资管理的规定，对申请开办的国有矿山企业根据前款所列条件审查合格后，方予批准。

第十二条　申请开办集体所有制矿山企业、私营矿山企业及个体采矿的审查批准、采矿登记，按照省、自治区、直辖市的有关规定办理。

第十三条　申请开办集体所有制矿山企业或者私营矿山企业，除应当具备有关法律、法规规定的条件外，并应当具备下列条件：

（一）有供矿山建设使用的与开采规模相适应的矿产勘查资料；

（二）有经过批准的无争议的开采范围；

（三）有与所建矿山规模相适应的资金、设备和技术人员；

（四）有与所建矿山规模相适应的，符合国家产业政策和技术规范的可行性研究报告、矿山设计或者开采方案；

（五）矿长具有矿山生产、安全管理和环境保护的基本知识。

第十四条 申请个体采矿应当具备下列条件：

（一）有经过批准的无争议的开采范围；

（二）有与采矿规模相适应的资金、设备和技术人员；

（三）有相应的矿产勘查资料和经批准的开采方案；

（四）有必要的安全生产条件和环境保护措施。

第三章 矿产资源的勘查

第十五条 国家对矿产资源勘查实行统一规划。全国矿产资源中、长期勘查规划，在国务院计划行政主管部门指导下，由国务院地质矿产主管部门根据国民经济和社会发展中长期规划，在国务院有关主管部门勘查规划的基础上组织编制。

全国矿产资源年度勘查计划和省、自治区、直辖市矿产资源年度勘查计划，分别由国务院地质矿产主管部门和省、自治区、直辖市人民政府地质矿产主管部门组织有关主管部门，根据全国矿产资源中长期勘查规划编制，经同级人民政府计划行政主管部门批准后施行。

法律对勘查规划的审批权另有规定的，依照有关法律的规定执行。

第十六条 探矿权人享有下列权利：

（一）按照勘查许可证规定的区域、期限、工作对象进行勘查；

（二）在勘查作业区及相邻区域架设供电、供水、通信管线，但是不得影响或者损害原有的供电、供水设施和通信管线；

（三）在勘查作业区及相邻区域通行；

（四）根据工程需要临时使用土地；

（五）优先取得勘查作业区内新发现矿种的探矿权；

（六）优先取得勘查作业区内矿产资源的采矿权；

（七）自行销售勘查中按照批准的工程设计施工回收的矿产品，但是国务院规定由指定单位统一收购的矿产品除外。

探矿权人行使前款所列权利时，有关法律、法规规定应当经过批准或者履行其他手续的，应当遵守有关法律、法规的规定。

第十七条 探矿权人应当履行下列义务：

（一）在规定的期限内开始施工，并在勘查许可证规定的期限内完成勘查工作；

（二）向勘查登记管理机关报告开工等情况；

（三）按照探矿工程设计施工，不得擅自进行采矿活动；

（四）在查明主要矿种的同时，对共生、伴生矿产资源进行综合勘查、综合评价；

（五）编写矿产资源勘查报告，提交有关部门审批；

（六）按照国务院有关规定汇交矿产资源勘查成果档案资料；

（七）遵守有关法律、法规关于劳动安全、土地复垦和环境保护的规定；

（八）勘查作业完毕，及时封、填探矿作业遗留的井、硐或者采取其他措施，消除安全隐患。

第十八条 探矿权人可以对符合国家边探边采规定要求的复杂类型矿床进行开采；但是，应当向原颁发勘查许可证的机关、矿产储量审批机构和勘查项目主管部门提交论证材料，经审核同意后，按照国务院关于采矿登记管理法规的规定，办理采矿登记。

第十九条 矿产资源勘查报告按照下列规定审批：

（一）供矿山建设使用的重要大型矿床勘查报告和供大型水源地建设使用的地下水勘查报告，由国务院矿产储量审批机构审批；

（二）供矿山建设使用的一般大型、中型、小型矿床勘查报告和供中型、小型水源地建设使用的地下水勘查报告，由省、自治区、直辖市矿产储量审批机构审批。

矿产储量审批机构和勘查单位的主管部门应当自收到矿产资源勘查报告之日起6个月内做出批复。

第二十条 矿产资源勘查报告及其他有价值的勘查资料，按照国务院有关规定实行有偿使用。

第二十一条 探矿权人取得临时使用土地权后，在勘查过程中给他人造成财产损害的，按照下列规定给以补偿：

（一）对耕地造成损害的，根据受损害的耕地面积前三年平均年产量，以补偿时当地市场平均价格计算，逐年给以补偿，并负责恢复耕地的生产条件，及时归还；

（二）对牧区草场造成损害的，按照前项规定逐年给以补偿，并负责恢复草场植被，及时归还；

（三）对耕地上的农作物、经济作物造成损害的，根据受损害的耕地面积前三年平均年产量，以补偿时当地市场平均价格计算，给以补偿；

（四）对竹木造成损害的，根据实际损害株数，以补偿时当地市场平均价格逐株计算，给以补偿；

（五）对土地上的附着物造成损害的，根据实际损害的程度，以补偿时当地市场价格，给以适当补偿。

第二十二条　探矿权人在没有农作物和其他附着物的荒岭、荒坡、荒地、荒漠、沙滩、河滩、湖滩、海滩上进行勘查的，不予补偿；但是，勘查作业不得阻碍或者损害航运、灌溉、防洪等活动或者设施，勘查作业结束后应当采取措施，防止水土流失，保护生态环境。

第二十三条　探矿权人之间对勘查范围发生争议时，由当事人协商解决；协商不成的，由勘查作业区所在地的省、自治区、直辖市人民政府地质矿产主管部门裁决；跨省、自治区、直辖市的勘查范围争议，当事人协商不成的，由有关省、自治区、直辖市人民政府协商解决；协商不成的，由国务院地质矿产主管部门裁决。特定矿种的勘查范围争议，当事人协商不成的，由国务院授权的有关主管部门裁决。

第四章　矿产资源的开采

第二十四条　全国矿产资源的分配和开发利用，应当兼顾当前和长远、中央和地方的利益，实行统一规划、有效保护、合理开采、综合利用。

第二十五条　全国矿产资源规划，在国务院计划行政主管部门指导下，由国务院地质矿产主管部门根据国民经济和社会发展中、长期规划，组织国务院有关主管部门和省、自治区、直辖市人民政府编制，报国务院批准后施行。

全国矿产资源规划应当对全国矿产资源的分配做出统筹安排，合理划定中央与省、自治区、直辖市人民政府审批、开发矿产资源的范围。

第二十六条　矿产资源开发规划是对矿区的开发建设布局进行统筹安排的规划。

矿产资源开发规划分为行业开发规划和地区开发规划。

矿产资源行业开发规划由国务院有关主管部门根据全国矿产资源规划中分配给本部门的矿产资源编制实施。

矿产资源地区开发规划由省、自治区、直辖市人民政府根据全国矿产资源规划中分配给本省、自治区、直辖市的矿产资源编制实施；并做出统筹安排，合理划定省、市、县级人民政府审批、开发矿产资源的范围。

矿产资源行业开发规划和地区开发规划应当报送国务院计划行政主管部门、地质矿产主管部门备案。

国务院计划行政主管部门、地质矿产主管部门，对不符合全国矿产资源规划的行业开发规划和地区开发规划，应当予以纠正。

第二十七条　设立、变更或者撤销国家规划矿区、对国民经济具有重要价值的矿区，由国务院有关主管部门提出，并附具矿产资源详查报告及论证材料，经国务院计划行政主管部门和地质矿产主管部门审定，并联合书面通知有关县级人民政府。县级人民政府应当自收到通知之日起一个月内予以公告，并报国务院计划行政主管部门、地质矿产主管部门备案。

第二十八条　确定或者撤销国家规定实行保护性开采的特定矿种，由国务院有关主管部门提出，并附具论证材料，经国务院计划行政主管部门和地质矿产主管部门审核同意后，报国务院批准。

第二十九条　单位或者个人开采矿产资源前，应当委托持有相应矿山设计证书的单位进行可行性研究和设计。开采零星分散矿产资源和用作建筑材料的砂、石、黏土的，可以不进行可行性研究和设计，但是应当有开采方案和环境保护措施。

矿山设计必须依据设计任务书，采用合理的开采顺序、开采方法和选矿工艺。

矿山设计必须按照国家有关规定审批；未经批准，不得施工。

第三十条　采矿权人享有下列权利：

（一）按照采矿许可证规定的开采范围和期限从事开采活动；

（二）自行销售矿产品，但是国务院规定由指定的单位统一收购的矿产品除外；

（三）在矿区范围内建设采矿所需的生产和生活设施；

（四）根据生产建设的需要依法取得土地使用权；

（五）法律、法规规定的其他权利。

采矿权人行使前款所列权利时，法律、法规规定应当经过批准或者履行其他手续的，依照有关法律、法规的规定办理。

第三十一条　采矿权人应当履行下列义务：

（一）在批准的期限内进行矿山建设或者开采；

（二）有效保护、合理开采、综合利用矿产资源；

（三）依法缴纳资源税和矿产资源补偿费；

（四）遵守国家有关劳动安全、水土保持、土地复垦和环境保护的法律、法规；

（五）接受地质矿产主管部门和有关主管部门的监督管理，按照规定填报矿产储量表和矿产资源开发利用情况统计报告。

第三十二条　采矿权人在采矿许可证有效期满或者在有效期内，停办矿山而矿产资源尚未采完的，必须采取措施将资源保持在能够继续开采的状态，并事先完成下列工作：

（一）编制矿山开采现状报告及实测图件；

（二）按照有关规定报销所消耗的储量；

（三）按照原设计实际完成相应的有关劳动安全、水土保持、土地复垦和环境保护工作，或者缴清土地复垦和环境保护的有关费用。

采矿权人停办矿山的申请，须经原批准开办矿山的主管部门批准、原颁发采矿许可证的机关验收合格后，方可办理有关证、照注销手续。

第三十三条　矿山企业关闭矿山，应当按照下列程序办理审批手续：

（一）开采活动结束的前一年，向原批准开办矿山的主管部门提出关闭矿山申请，并提交闭坑地质报告；

（二）闭坑地质报告经原批准开办矿山的主管部门审核同意后，报地质矿产主管部门会同矿产储量审批机构批准；

（三）闭坑地质报告批准后，采矿权人应当编写关闭矿山报告，报请原批准开办矿山的主管部门会同同级地质矿产主管部门和有关主管部门按照有关行业规定批准。

第三十四条　关闭矿山报告批准后，矿山企业应当完成下列工作：

（一）按照国家有关规定将地质、测量、采矿资料整理归档，并汇交闭坑地质报告、关闭矿山报告及其他有关资料；

（二）按照批准的关闭矿山报告，完成有关劳动安全、水土保持、土地复垦和环境保护工作，或者缴清土地复垦和环境保护的有关费用。

矿山企业凭关闭矿山报告批准文件和有关部门对完成上述工作提供的证明，报请原颁发采矿许可证的机关办理采矿许可证注销手续。

第三十五条　建设单位在建设铁路、公路、工厂、水库、输油管道、输电线路和各种大型建筑物前，必须向所在地的省、自治区、直辖市人民政府地质矿产主管部门了解拟建工程所在地区的矿产资源分布情况，并在建设项目设计任务书报请审批时附具地质矿产主管部门的证明。

在上述建设项目与重要矿床的开采发生矛盾时，由国务院有关主管部门或者省、自治区、直辖市人民政府提出方案，经国务院地质矿产主管部门提出意见后，报国务院计划行政主管部门决定。

第三十六条　采矿权人之间对矿区范围发生争议时，由当事人协商解决；协商不成的，由矿产资源所在地的县级以上地方人民政府根据依法核定的矿区范围处理；跨省、自治区、直辖市的矿区范围争议，当事人协商不成的，由有关省、自治区、直辖市人民政府协商解决；协商不成的，由国务院地质矿产主管部门提出处理意见，报国务院决定。

第五章　集体所有制矿山企业、私营矿山企业和个体采矿者

第三十七条　国家依法保护集体所有制矿山企业、私营矿山企业和

个体采矿者的合法权益，依法对集体所有制矿山企业、私营矿山企业和个体采矿者进行监督管理。

第三十八条　集体所有制矿山企业可以开采下列矿产资源：

（一）不适于国家建设大、中型矿山的矿床及矿点；

（二）经国有矿山企业同意，并经其上级主管部门批准，在其矿区范围内划出的边缘零星矿产；

（三）矿山闭坑后，经原矿山企业主管部门确认可以安全开采并不会引起严重环境后果的残留矿体；

（四）国家规划可以由集体所有制矿山企业开采的其他矿产资源。

集体所有制矿山企业开采前款第（二）项所列矿产资源时，必须与国有矿山企业签订合理开发利用矿产资源和矿山安全协议，不得浪费和破坏矿产资源，并不得影响国有矿山企业的生产安全。

第三十九条　私营矿山企业开采矿产资源的范围参照本细则第三十八条的规定执行。

第四十条　个体采矿者可以采挖下列矿产资源：

（一）零星分散的小矿体或者矿点；

（二）只能用作普通建筑材料的砂、石、黏土。

第四十一条　国家设立国家规划矿区、对国民经济具有重要价值的矿区时，对应当撤出的原采矿权人，国家按照有关规定给予合理补偿。

第六章　法律责任

第四十二条　依照《矿产资源法》第三十九条、第四十条、第四十二条、第四十三条、第四十四条规定处以罚款的，分别按照下列规定执行：

（一）未取得采矿许可证擅自采矿的，擅自进入国家规划矿区、对国民经济具有重要价值的矿区和他人矿区范围采矿的，擅自开采国家规定实行保护性开采的特定矿种的，处以违法所得50%以下的罚款；

（二）超越批准的矿区范围采矿的，处以违法所得30%以下的罚款；

（三）买卖、出租或者以其他形式转让矿产资源的，买卖、出租采矿权的，对卖方、出租方、出让方处以违法所得一倍以下的罚款；

（四）非法用采矿权作抵押的，处以5000元以下的罚款；

（五）违反规定收购和销售国家规定统一收购的矿产品的，处以违法所得一倍以下的罚款；

（六）采取破坏性的开采方法开采矿产资源，造成矿产资源严重破坏的，处以相当于矿产资源损失价值50%以下的罚款。

第四十三条　违反本细则规定，有下列行为之一的，对主管人员和直接责任人员给予行政处分；构成犯罪的，依法追究刑事责任：

（一）批准不符合办矿条件的单位或者个人开办矿山的；

（二）对未经依法批准的矿山企业或者个人颁发采矿许可证的。

第七章　附　则

第四十四条　地下水资源具有水资源和矿产资源的双重属性。地下水资源的勘查，适用《矿产资源法》和本细则；地下水资源的开发、利用、保护和管理，适用《水法》和有关的行政法规。

第四十五条　本细则由地质矿产部负责解释。

第四十六条　本细则自发布之日起施行。

附件

矿产资源分类细目

（一）能源矿产

煤、煤成气、石煤、油页岩、石油、天然气、油砂、天然沥青、铀、钍、地热。

（二）金属矿产

铁、锰、铬、钒、钛；铜、铅、锌、铝土矿、镍、钴、钨、锡、铋、钼、汞、锑、镁；铂、钯、钌、锇、铱、铑；金、银；铌、钽、铍、锂、锆、锶、铷、铯；镧、铈、镨、钕、钐、铕、钇、钆、铽、镝、钬、铒、铥、镱、镥；钪、锗、镓、铟、铊、铪、铼、镉、硒、碲。

（三）非金属矿产

金刚石、石墨、磷、自然硫、硫铁矿、钾盐、硼、水晶（压电水晶、熔炼水晶、光学水晶、工艺水晶）、刚玉、蓝晶石、矽线石、红柱石、硅灰石、钠硝石、滑石、石棉、蓝石棉、云母、长石、石榴子石、叶蜡石、透辉石、透闪石、蛭石、沸石、明矾石、芒硝（含钙芒硝）、石膏（含硬石膏）、重晶石、毒重石、天然碱、方解石、冰洲石、菱镁矿、萤石（普通萤石、光学萤石）、宝石、黄玉、玉石、电气石、玛瑙、颜料矿物（赭石、颜料黄土）、石灰岩（电石用灰岩、制碱用灰岩、化肥用灰岩、熔剂用灰岩、玻璃用灰岩、水泥用灰岩、建筑石料用灰岩、制灰用灰岩、饰面用灰岩）、泥灰岩、白垩、含钾岩石、白云岩（冶金用白云岩、化肥用白云岩、玻璃用白云岩、建筑用白云岩）、石英岩（冶金用石英岩、玻璃用石英岩、化肥用石英岩）、砂岩（冶金用砂岩、玻璃用砂岩、水泥配料用砂岩、砖瓦用砂岩、化肥用砂岩、铸型用砂岩、陶瓷用砂岩）、天然石英砂（玻璃用砂、铸型用砂、建筑用砂、水泥配料用砂、水泥标准砂、砖瓦用砂）、脉石英（冶金用脉石英、玻璃用脉石英）、粉石英、天然油石、含钾砂页岩、硅藻土、页岩（陶粒页岩、砖瓦用页岩、水泥配料用页岩）、高岭土、陶瓷土、耐火黏土、凹凸棒石黏土、海泡石黏土、伊利石黏土、累托石黏土、膨润土、铁矾土、其他黏土（铸型用黏土、砖瓦用黏土、陶粒用黏土、水泥配料用黏土、水泥配料用红土、水泥配料用黄土、水泥配料用泥岩、保温材料用黏土）、橄榄岩（化肥用橄榄岩、建筑用橄榄岩）、蛇纹岩（化肥用蛇纹岩、熔剂用蛇纹岩、饰面用蛇纹岩）、玄武岩（铸石用玄武岩、岩棉用玄武岩）、辉绿岩（水泥用辉绿岩、铸石用辉绿岩、饰面用辉绿岩、建筑用辉绿岩）、安山岩（饰面用安山岩、建筑用安山岩、水泥混合材用安山玢岩）、闪长岩（水泥混合材用闪长玢岩、建筑用闪长岩）、花岗岩（建筑用花岗岩、饰面用花岗岩）、麦饭石、珍珠岩、黑曜岩、松脂岩、浮石、粗面岩（水泥用粗面岩、铸石用粗面岩）、霞石正长岩、凝灰岩（玻璃用凝灰岩、水泥用凝灰岩、建筑用凝灰岩）、火山灰、火山渣、大理岩（饰面用大理岩、建筑用大理岩、水泥用大理岩、玻璃用大理岩）、板岩（饰面用板岩、水泥配料用板岩）、片麻岩、角闪岩、泥炭、矿盐（湖盐、岩盐、天然卤水）、镁盐、碘、溴、砷。

（四）水气矿产

地下水、矿泉水、二氧化碳气、硫化氢气、氦气、氡气。

矿产资源补偿费征收管理规定

第一条　为了保障和促进矿产资源的勘查、保护与合理开发，维护国家对矿产资源的财产权益，根据《中华人民共和国矿产资源法》的有关规定，制定本规定。

第二条　在中华人民共和国领域和其他管辖海域开采矿产资源，应当依照本规定缴纳矿产资源补偿费；法律、行政法规另有规定的，从其规定。

第三条　矿产资源补偿费按照矿产品销售收入的一定比例计征。企业缴纳的矿产资源补偿费列入管理费用。采矿权人对矿产品自行加工的，按照国家规定价格计算销售收入；国家没有规定价格的，按照征收时矿产品的当地市场平均价格计算销售收入。采矿权人向境外销售矿产品的，按照国际市场销售价格计算销售收入。

本规定所称矿产品，是指矿产资源经过开采或者采选后，脱离自然赋存状态的产品。

第四条　矿产资源补偿费由采矿权人缴纳。矿产资源补偿费以矿产品销售时使用的货币结算；采矿权人对矿产品自行加工的，以其销售最终产品时使用的货币结算。

第五条　矿产资源补偿费按照下列方式计算：

征收矿产资源补偿费金额=矿产品销售收入×补偿费费率×开采回采率系数

开采回采率系数=核定开采回采率÷实际开采回采率

核定开采回采率，以按照国家有关规定经批准的矿山设计为准；按照国家有关规定，只要求有开采方案，不要求有矿山设计的矿山企业，其开采回采率由县级以上地方人民政府负责地质矿产管理工作的部门会同同级有关部门核定。

不能按照本条第（一）款、第（二）款规定的方式计算矿产资源补偿费的矿种，由国务院地质矿产主管部门会同国务院财政部门另行制定计算方式。

第六条　矿产资源补偿费依照本规定附录所规定的费率征收。

矿产资源补偿费费率的调整，由国务院财政部门、国务院地质矿产主管部门、国务院计划主管部门共同确定，报国务院批准施行。

第七条　矿产资源补偿费由地质矿产主管部门会同财政部门征收。矿区在县级行政区域内的，矿产资源补偿费由矿区所在地的县级人民政府负责地质矿产管理工作的部门负责征收。

矿区范围跨县级以上行政区域的，矿产资源补偿费由所涉及行政区域的共同上一级人民政府负责地质矿产管理工作的部门负责征收。矿区范围跨省级行政区域和在中华人民共和国领海与其他管辖海域的，矿产资源补偿费由国务院地质矿产主管部门授权的省级人民政府地质矿产主管部门负责征收。

第八条　采矿权人应当于每年的7月31日前缴纳上半年的矿产资源补偿费；于下一年度1月31日前缴纳上一年度下半年的矿产资源补偿费。

采矿权人在中止或者终止采矿活动时，应当结缴矿产资源补偿费。

第九条　采矿权人在缴纳矿产资源补偿费时，应当同时提交已采出的矿产品的矿种、产量、销售数量、销售价格和实际开采回采率等资料。

第十条　征收的矿产资源补偿费，应当及时全额就地上缴中央金库，年终按照下款规定的中央与省、自治区、直辖市的分成比例，单独结算。

中央与省、直辖市矿产资源补偿费的分成比例为1:1；中央与自治区矿产资源补偿费的分成比例为2:3。

第十一条　矿产资源补偿费纳入国家预算，实行专项管理，主要用于矿产资源勘查。

中央所得的矿产资源补偿费的具体使用管理办法，由国务院财政部门、国务院地质矿产主管部门、国务院计划主管部门共同制定。地方所得的矿产资源补偿费的具体使用管理办法，由省、自治区、直辖市人民政府制定。

第十二条　采矿权人有下列情形之一的，经省级人民政府地质矿产主管部门会同同级财政部门批准，可以免缴矿产资源补偿费：

（一）从废石（矸石）中回收矿产品的；

（二）按照国家有关规定经批准开采已关闭矿山的非保安残留矿体的；

（三）国务院地质矿产主管部门会同国务院财政部门认定免缴的其他情形。

第十三条　采矿权人有下列情况之一的，经省级人民政府地质矿产主管部门会同同级财政部门批准，可以减缴矿产资源补偿费：

（一）从尾矿中回收矿产品的；

（二）开采未达到工业品位或者未计算储量的低品位矿产资源的；

（三）依法开采水体下、建筑物下、交通要道下的矿产资源的；

（四）由于执行国家定价而形成政策性亏损的；

（五）国务院地质矿产主管部门会同国务院财政部门认定减缴的其他情形。

采矿权人减缴的矿产资源补偿费超过应当缴纳的矿产资源补偿费50%的，须经省级人民政府批准。

批准减缴矿产资源补偿费的，应当报国务院地质矿产主管部门和国务院财政部门备案。

第十四条　采矿权人在规定期限内未足额缴纳矿产资源补偿费的，由征收机关责令限期缴纳，并从滞纳之日起按日加收滞纳补偿费2‰的滞纳金。

采矿权人未按照前款规定缴纳矿产资源补偿费和滞纳金的，由征收机关处以应当缴纳的矿产资源补偿费三倍以下的罚款；情节严重的，由采矿许可证颁发机关吊销其采矿许可证。

第十五条　采矿权人采取伪报矿种，隐匿产量、销售数量，或者伪报销售价格、实际开采回采率等手段，不缴或者少缴矿产资源补偿费的，由征收机关追缴应当缴纳的矿产资源补偿费，并处以应当缴纳的矿产资源补偿费五倍以下的罚款；情节严重的，由采矿许可证颁发机关吊销其采矿许可证。

第十六条　采矿权人未按照本规定第九条的规定报送有关资料的，由征收机关责令限期报送；逾期不报送的，处以5000元以下罚款；仍不报送的，采矿许可证颁发机关可以吊销其采矿许可证。

第十七条　依照本规定对采矿权人处以的罚款、加收的滞纳金应当上缴国库。

第十八条　当事人对行政处罚决定不服的，可以自接到处罚决定通知之日起15日内向做出处罚决定的机关的上一级机关申请复议；当事人也可以自接到处罚决定通知之日起15日内直接向人民法院起诉。

当事人逾期不申请复议也不向人民法院起诉、又不履行处罚决定的，做出处罚决定的机关可以申请人民法院强制执行。

第十九条　本规定发布前的地方性法规和地方人民政府发布的规章及行政性文件的内容，与本规定相抵触的，以本规定为准。

第二十条　省、自治区、直辖市人民政府可以根据本规定制定实施办法。

第二十一条　本规定由地质矿产部负责解释。

第二十二条　本规定自1994年4月1日起施行。

中外合作开采陆上石油资源缴纳矿区使用费暂行规定

第一条　为促进国民经济的发展，扩大国际经济技术合作，鼓励开发我国陆上石油资源，制定本规定。

第二条　在中华人民共和国境内从事合作开采陆上石油资源的中国企业和外国企业，应当依照本规定缴纳矿区使用费。

第三条　矿区使用费按照每个油、气田日历年度原油或者天然气总产量分别计征。矿区使用费费率如下。

（一）原油

年度原油总产量不超过5万吨的部分，免征矿区使用费；

年度原油总产量超过5万吨至10万吨的部分，费率为1%；

年度原油总产量超过10万吨至15万吨的部分，费率为2%；

年度原油总产量超过15万吨至20万吨的部分，费率为3%；

年度原油总产量超过20万吨至30万吨的部分，费率为4%；

年度原油总产量超过30万吨至50万吨的部分，费率为6%；

年度原油总产量超过50万吨至75万吨的部分，费率为8%；

年度原油总产量超过75万吨至100万吨的部分，费率为10%；

年度原油总产量超过100万吨的部分，费率为12.5%。

（二）天然气

年度天然气总产量超过1亿标立方米的部分，免征矿区使用费；

年度天然气总产量超过1亿标立方米至2亿标立方米的部分，费率为1%；

年度天然气总产量超过2亿标立方米至3亿标立方米的部分，费率为2%；

年度天然气总产量超过3亿标立方米至4亿标立方米的部分，费率为3%；

年度天然气总产量超过4亿标立方米至6亿标立方米的部分，费率为4%；

年度天然气总产量超过6亿标立方米至10亿标立方米的部分，费率为6%；

年度天然气总产量超过10亿标立方米至15亿标立方米的部分，费率为8%；

年度天然气总产量超过15亿标立方米至20亿标立方米的部分，费率为10%；年度天然气总产量超过20亿标立方米的部分，费率为12.5%。

第四条　原油和天然气的矿区使用费，均用实物缴纳。

第五条　原油和天然气的矿区使用费，由税务机关负责征收管理。中外合作开采的油气田的矿区使用费，由油、气田的作业者代扣，交由中国石油开发公司负责代缴。

第六条　矿区使用费按年计算，分次或者分期预缴，年度终了后汇算清缴。预缴期限和汇算清缴期限，由税务机关确定。

第七条　油、气田的作业者应当在每一季度终了后十日内向税务机关报送油、气田的产量，以及税务机关所需要的其他有关资料。

第八条　矿区使用费的代扣义务人和代缴义务人，必须按照税务机关确定的期限缴纳矿区使用费。逾期缴纳的，税务机关从逾期之日起，按日加收滞纳矿区使用费的1%的滞纳金。

第九条　油、气田的作业者违反第七条的规定，不按期向税务机关报送油、气田的实际产量和税务机关所需其他有关资料的，税务机关可酌情处以人民币5000元以下的罚款；隐匿产量的，除追缴应缴纳的矿区使用费外，可酌情处以应补缴矿区使用费五倍以下的罚款。

第十条　本规定下列用语的含义是：

（一）原油：指在自然状态下的固态和液态烃，也包括从天然气中提取的除甲烷（CH_4）以外的任何液态烃。

（二）天然气：指在自然状态下的非伴生天然气及伴生天然气。非伴生天然气：指从气藏中采出的所有气态烃包括湿气、干气，以及从湿气中提取液态烃后的剩余气体。伴生天然气：指从油藏中与原油同时采出的所有气态烃，包括从中提取液态烃后的剩余气体。

（三）年度原油总产量：指合同区内每一个油、气田在每一日历年度内生产的原油量，扣除石油作业用油和损耗量之后的原油总量。

（四）年度天然气总产量：指合同区每一个油、气田在每一日历年度内生产的天然气量，扣除石油作业用气和损耗量之后的天然气总量。

第十一条　本规定由国务院税务局负责解释。

第十二条　本规定自1990年1月1日起施行。

开采海洋石油资源缴纳矿区使用费的规定

第一条　为促进国民经济的发展，扩大国际经济技术合作，鼓励开发我国海洋石油资源，根据《中华人民共和国对外合作开采海洋石油资源条例》，制定本规定。

第二条　在中华人民共和国内海、领海、大陆架及其他属于中华人民共和国行使管辖权的海域内依法从事开采海洋石油资源的中国企业和外国企业，应当依照本规定缴纳矿区使用费。

第三条　矿区使用费按照每个油、气田日历年度原油或者天然气总产量计征，矿区使用费费率如下。

（一）原油

年度原油总产量不超过100万吨的部分，免征矿区使用费；

年度原油总产量超过100万吨至150万吨的部分，费率为4%；

年度原油总产量超过150万吨至200万吨的部分，费率为6%；

年度原油总产量超过200万吨至300万吨的部分，费率为8%；

年度原油总产量超过300万吨至400万吨的部分，费率为10%；

年度原油总产量超过400万吨的部分，费率为12.5%。

（二）天然气

年度天然气总产量不超过20亿立方米的部分，免征矿区使用费；

年度天然气总产量超过20亿立方米至35亿立方米的部分，费率为1%；

年度天然气总产量超过35亿立方米至50亿立方米的部分，费率为2%；

年度天然气总产量超过50亿立方米的部分，费率为3%。

第四条　原油和天然气的矿区使用费，均用实物缴纳。

第五条　原油和天然气的矿区使用费，由税务机关负责征收管理。中外合作油、气田的矿区使用费，由油、气田的作业者代扣，交由中国海洋石油总公司负责代缴。

第六条 矿区使用费按年计算，分次或分期预缴，年度终了后汇算清缴。预缴期限和汇算清缴期限，由税务机关确定。

第七条 油、气田的作业者应当在每一季度终了后十日内向税务机关报送油、气田的产量，以及税务机关所需要的其他有关资料。

第八条 矿区使用费的代扣义务人和代缴义务人，必须按照税务机关确定的期限缴纳矿区使用费。逾期缴纳的，税务机关从逾期之日起，按日加收滞纳矿区使用费的1‰的滞纳金。

第九条 油、气田的作业者违反第七条的规定，不按期向税务机关报送油、气田的实际产量和税务机关所需其他有关资料的，税务机关可酌情处以人民币5000元以下的罚款；隐匿产量的，除追缴应缴纳的矿区使用费外，可酌情处以应补缴矿区使用费五倍以下的罚款。

第十条 本规定下列用语的含义是：

（一）原油：指在自然状态下的固态和液态烃，也包括从天然气中提取的除甲烷(CH_4)以外的任何液态烃。

（二）天然气：指在自然状态下的非伴生天然气及伴生天然气。非伴生天然气：指从气藏中采出的所有气态烃包括湿气、干气，以及从湿气中提取液态烃后的剩余气体。伴生天然气：指从油藏中与原油同时采出的所有气态烃，包括从中提取液态烃后的剩余气体。

（三）年度原油总产量：指合同区内每一个油、气田在每一日历年度内生产的原油量，扣除石油作业用油和损耗量之后的原油总量。

（四）年度天然气总产量：指合同区每一个油、气田在每一日历年度内生产的天然气量，扣除石油作业用气和损耗量之后的天然气总量。

第十一条 本规定自1989年1月1日起施行。

四川省矿产资源补偿费矿产勘查项目管理暂行办法

第一条　为规范和加强矿产资源补偿费勘查项目管理，科学合理部署矿产勘查工作，有效地管理矿产资源勘查工作，根据《矿产资源补偿费使用管理办法》和国土资源部印发的《矿产资源补偿费勘查项目管理暂行办法》，制定本细则。

第二条　本办法所指的矿产资源补偿费勘查项目是指用中央及四川省矿产资源补偿费安排的矿产资源勘查项目（以下简称勘查项目）。

第三条　四川省国土资源厅为勘查项目主管单位（以下简称项目主管单位），负责组织全省勘查项目立项的技术论证、设计审查，项目实施的监督、管理，项目的评审、验收等。

承担项目勘查的企事业单位为矿产勘查项目的承担单位。

第四条　根据国民经济和社会发展的需要和《全国矿产资源规划》《四川省矿产资源规划》《四川省地质矿产勘查专项规划》等要求，为鼓励加快国家战略性矿产资源勘查，积极引导国外矿业资本对我省的矿产资源风险勘查和促进我省矿产资源勘查的找矿突破和矿产资源储备，为我省国民经济的可持续发展提供资源保障。

四川省国土资源厅根据勘查项目年度立项指南，明确年度立项申报的具体要求。

项目承担单位根据勘查项目立项指南和要求，按照项目主管单位的布置，提出项目立项申请书。

第五条　立项申请书的主要内容包括：立项依据、目标任务、施工方案、预期成果及资源量储量、主要实物工作量、经费概算、组织管理、工作范围及经纬度坐标、矿权设置情况、勘查单位资质情况及探矿权登记机关的相关证明等材料。

第六条 四川省国土资源厅对项目承担单位申报的勘查项目组织专家进行审查、打分、排序，并根据专家对项目的审查意见和得分排序结果予以申报、立项。

第七条 四川省国土资源厅根据已下达的项目勘查计划，组织项目承担单位编写设计。

第八条 项目勘查设计根据项目勘查项目计划，按照国家和行业有关技术规范、标准要求编写，主要内容包括：地质工作程度、地质背景及成矿特征、工作部署、工作方法、实物工作量、经费预算、预期成果、保证措施及相关附图附件等内容。

第九条 四川省国土资源厅负责组织专家按照有关标准及要求对项目勘查设计进行审查。设计审查意见提纲见附件一。

项目承担单位根据专家审查意见对设计进行修改。

四川省国土资源厅根据专家审查意见对项目设计书行文批复。

第十条 项目承担单位按照四川省国土资源厅对项目设计批复和有关技术标准，制定详细施工方案，编制野外工作计划，开展项目施工，建立完善的内部质量监控制度，确保项目的工作质量。

第十一条 四川省国土资源厅建立勘查项目技术质量监督制度，组织专家按设计要求对项目勘查工作进度、资金到位及使用情况、执行技术规范和工程质量，特别是野外工作质量等进行监督、检查，并提出监督检查报告。监督检查报告提纲及检查评分表见附件二。

第十二条 四川省国土资源厅会同省财政厅对项目执行情况、经费使用情况开展专项检查或抽查。对截留、挪用、坐支项目经费的，按有关法律、法规的规定严肃处理。项目承担单位自觉接受监督检查。

第十三条 项目承担单位须向四川省国土资源厅编报勘查项目季报、半年报、年度地质报告。

第十四条 四川省国土资源厅对项目勘查中间成果（或年度成果）实行阶段考评制度。年度野外工作结束时，项目承担单位应向四川省国土资源厅提交勘查项目中间成果报告，四川省国土资源厅组织专家对勘查项目中间成果进行考评，并对项目进行验收评价。见附件三。

勘查项目需要续作的，其项目中间成果报告和续作申请可行性报告同时由专家考评，符合续作条件的，四川省国土资源厅予以申报立项。

第十五条 勘查项目按计划完成或者因阶段考评而终止，项目承担单位必须按照有关要求编写勘查项目成果地质报告。按中华人民共和国国土资源部发布的DZ/T 0033—2002《固体矿产勘查/矿产闭坑地质报告编写规范》要求编写勘查报告。每一勘查阶段结束应编写相应阶段的地质勘查报告，但阶段连续工作不编写中间报告。项目中途撤销而停止地质勘查工作的，应在已取得资料基础上编写地质勘查报告。

项目承担单位应比照探矿权价款评估方法，对勘查项目成果地质报告进行勘查项目投资效益评估。

第十六条 四川省国土资源厅组织专家对勘查项目成果报告及项目投资效益评估报告进行审查，并对成果报告质量等级评分，见附件四。

项目承担单位根据四川省国土资源厅审查意见，在规定的时间内对项目成果地质报告和投资效益评估报告进行修改、上报、汇交。

勘查项目提交的资源储量按照有关规定审查、备案、登记。

最终成果报告或结题总结及投资效益评估报告由四川省国土资源厅上报国土资源部。

第十七条 项目经费的支出要严格按照项目预算内容及有关财经制度的规定执行，并按照《地质勘查单位财务制度》及有关会计制度的规定进行核算。项目完成后应进行项目竣工结算，根据需要对重要项目进行审计。

第十八条 项目承担单位对勘查项目形成的成果资料，除按国家有关规定汇交外，须报送项目主管部门和主管单位。所报资料均应附数字化的光（磁）盘介质资料。

第十九条 本细则自发布之日起实行。

第二十条 本细则由四川省国土资源厅负责解释。

探矿权采矿权转让管理办法

第一条 为了加强对探矿权、采矿权转让的管理，保护探矿权人、采矿权人的合法权益，促进矿业发展，根据《中华人民共和国矿产资源法》，制定本办法。

第二条 在中华人民共和国领域及管辖的其他海域转让依法取得的探矿权、采矿权的，必须遵守本办法。

第三条 除按照下列规定可以转让外，探矿权、采矿权不得转让：

（一）探矿权人有权在划定的勘查作业区内进行规定的勘查作业，有权优先取得勘查作业区内矿产资源的采矿权。探矿权人在完成规定的最低勘查投入后，经依法批准，可以将探矿权转让他人。

（二）已经取得采矿权的矿山企业，因企业合并、分立，与他人合资、合作经营，或者因企业资产出售以及有其他变更企业资产产权的情形，需要变更采矿权主体的，经依法批准，可以将采矿权转让他人采矿。

第四条 国务院地质矿产主管部门和省、自治区、直辖市人民政府地质矿产主管部门是探矿权、采矿权转让的审批管理机关。

国务院地质矿产主管部门负责由其审批发证的探矿权、采矿权转让的审批。

省、自治区、直辖市人民政府地质矿产主管部门负责本条第（二）款规定以外的探矿权、采矿权转让的审批。

第五条 转让探矿权，应当具备下列条件：

（一）自颁发勘查许可证之日起满两年，或者在勘查作业区内发现可供进一步勘查或者开采的矿产资源；

（二）完成规定的最低勘查投入；

（三）探矿权属无争议；

（四）按照国家有关规定已经缴纳探矿权使用费、探矿权价款；

（五）国务院地质矿产主管部门规定的其他条件。

第六条 转让采矿权，应当具备下列条件：

（一）矿山企业投入采矿生产满一年；

（二）采矿权属无争议；

（三）按照国家有关规定已经缴纳采矿权使用费、采矿权价款、矿产资源补偿费和资源税；

（四）国务院地质矿产主管部门规定的其他条件。

国有矿山企业在申请转让采矿权前，应当征得矿山企业主管部门的同意。

第七条 探矿权或者采矿权转让的受让人，应当符合《矿产资源勘查区块登记管理办法》或者《矿产资源开采登记管理办法》规定的有关探矿权申请人或者采矿权申请人的条件。

第八条 探矿权人或者采矿权人在申请转让探矿权或者采矿权时，应当向审批管理机关提交下列资料：

（一）转让申请书；

（二）转让人与受让人签订的转让合同；

（三）受让人资质条件的证明文件；

（四）转让人具备本办法第五条或者第六条规定的转让条件的证明；

（五）矿产资源勘查或者开采情况的报告；

（六）审批管理机关要求提交的其他有关资料。

国有矿山企业转让采矿权时，还应当提交有关主管部门同意转让采矿权的批准文件。

第九条 转让国家出资勘查所形成的探矿权、采矿权的，必须进行评估。

探矿权、采矿权转让的评估工作，由国务院地质矿产主管部门会同国务院国有资产管理部门认定的评估机构进行；评估结果由国务院地质矿产主管部门确认。

第十条　申请转让探矿权、采矿权的，审批管理机关应当自收到转让申请之日起40日内，做出准予转让或者不准转让的决定，并通知转让人和受让人。

准予转让的，转让人和受让人应当自收到批准转让通知之日起60日内，到原发证机关办理变更登记手续；受让人按照国家规定缴纳有关费用后，领取勘查许可证或者采矿许可证，成为探矿权人或者采矿权人。

批准转让的，转让合同自批准之日起生效。

不准转让的，审批管理机关应当说明理由。

第十一条　审批管理机关批准转让探矿权、采矿权后，应当及时通知原发证机关。

第十二条　探矿权、采矿权转让后，探矿权人、采矿权人的权利、义务随之转移。

第十三条　探矿权、采矿权转让后，勘查许可证、采矿许可证的有效期限，为原勘查许可证、采矿许可证的有效期减去已经进行勘查、采矿的年限的剩余期限。

第十四条　未经审批管理机关批准，擅自转让探矿权、采矿权的，由登记管理机关责令改正，没收违法所得，处10万元以下的罚款；情节严重的，由原发证机关吊销勘查许可证、采矿许可证。

第十五条　违反本办法第三条第（二）项的规定，以承包等方式擅自将采矿权转给他人进行采矿的，由县级以上人民政府负责地质矿产管理工作的部门按照国务院地质矿产主管部门规定的权限，责令改正，没收违法所得，处10万元以下的罚款；情节严重的，由原发证机关吊销采矿许可证。

第十六条　审批管理机关工作人员徇私舞弊、滥用职权、玩忽职守，构成犯罪的，依法追究刑事责任；尚不构成犯罪的，依法给予行政处分。

第十七条　探矿权转让申请书、采矿权转让申请书的格式，由国务院地质矿产主管部门统一制定。

第十八条　本办法自发布之日起施行。

探矿权采矿权使用费和价款管理办法

第一条　为维护矿产资源的国家所有权，加强探矿权采矿权使用费和价款管理，依据《中华人民共和国矿产资源法》《矿产资源勘查区块登记管理办法》《矿产资源开采登记管理办法》和《探矿权采矿权转让管理办法》的有关规定，制定本办法。

第二条　在中华人民共和国领域及管辖海域勘查、开采矿产资源，均须按规定缴纳探矿权、采矿权使用费、价款。

第三条　探矿权采矿权使用费包括：

（一）探矿权使用费。国家将矿产资源探矿权出让给探矿权人，按规定向探矿权人收取的使用费。

（二）采矿权使用费。国家将矿产资源采矿权出让给采矿权人，按规定向采矿权人收取的使用费。

第四条　探矿权采矿权价款包括：

（一）探矿权价款。国家将其出资勘查形成的探矿权出让给探矿权人，按规定向探矿权人收取的价款。

（二）采矿权价款。国家将其出资勘查形成的采矿权出让给采矿权人，按规定向采矿权人收取的价款。

第五条　探矿权采矿权使用费收取标准：

（一）探矿权使用费以勘查年度计算，按区块面积逐年缴纳，第一个勘查年度至第三个勘查年度，每平方千米每年缴纳100元，从第四个勘查年度起每平方千米每年增加100元，最高不超过每平方千米每年500元。

（二）采矿权使用费按矿区范围面积逐年缴纳，每平方千米每年1000元。

第六条　探矿权、采矿权价款收取标准：

探矿权、采矿权价款以国务院地质矿产主管部门确认的评估价格为依据，一次或分期缴纳；但探矿权价款缴纳期限最长不得超过2年，采矿权价款缴纳期限最长不得超过6年。

第七条　探矿权、采矿权使用费和价款由探矿权、采矿权登记管理机关负责收取。探矿权、采矿权使用费和价款由探矿权采矿权人在办理勘查、采矿登记或年检时缴纳。

探矿权采矿权人在办理勘查、采矿登记或年检时，按照登记管理机关确定的标准，将探矿权、采矿权使用费和价款直接缴入同级财政部门开设的"探矿权、采矿权使用费和价款财政专户"。探矿权采矿权人凭银行的收款凭证到登记管理机关办理登记手续，领取"探矿权、采矿权使用费和价款专用收据"和勘查、开采许可证。

"探矿权、采矿权使用费和价款专用收据"由财政部门统一印制。

第八条　属于国务院地质矿产主管部门登记管理范围的探矿权采矿权，其使用费和价款，由国务院地质矿产主管部门登记机关收取，缴入财政部开设的"探矿权、采矿权使用费和价款财政专户"，属于省级地质矿产主管部门登记管理范围的探矿权采矿权；其使用费和价款，由省级地质矿产主管部门登记机关收取，缴入省级财政部门开设的"探矿权、采矿权使用费和价款财政专户"。

第九条　探矿权、采矿权使用费和价款收入应专项用于矿产资源勘查、保护和管理支出，由国务院地质矿产主管部门和省级地质矿产主管部门提出使用计划，报同级财政部门审批后，拨付使用。

第十条　探矿权、采矿权使用费中可以开支对探矿权、采矿权使用进行审批、登记的管理和业务费用。

探矿权、采矿权价款中可以开支以下成本费用：出让探矿权、采矿权的评估、确认费用，公告费、咨询费、中介机构佣金、场地租金以及其他必需的成本、费用等。

第十一条　国有企业实际占有的由国家出资勘查形成的探矿权、采矿权在转让时，其探矿权、采矿权价款经国务院地质矿产主管部门会同财政部批准，可全部或部分转增企业的国家资本金。

国有地勘单位实际占有的由国家出资勘查形成的探矿权、采矿权在转让时，其探矿权、采矿权价款按照有关规定处理。

第十二条　未按规定及时缴纳探矿权、采矿权使用费和价款的，由探矿权、采矿权登记管理机关责令其在30日内缴纳，并从滞纳之日起，每日加收2‰滞纳金；逾期仍不缴纳的，由探矿权、采矿权登记管理机关吊销其勘查许可证或采矿许可证。

第十三条　财政部门和地质矿产主管部门要切实加强探矿权、采矿权使用费和价款收入的财务管理与监督，定期检查探矿权、采矿权使用费和价款收入的情况。

第十四条　本办法由财政部、国土资源部解释。

第十五条　本办法自发布之日起实施。本办法发布之前已经收取的探矿权、采矿权使用费和价款按本办法的规定处理。

探矿权采矿权使用费减免办法

第一条 为鼓励矿产资源勘查开采，根据《矿产资源勘查区块登记管理办法》和《矿产资源开采登记管理办法》的有关规定，制定本办法。

第二条 依照《中华人民共和国矿产资源法》及其配套法规取得探矿权、采矿权的矿业权人或探矿权、采矿权申请人，可以依照本办法的规定向探矿权、采矿权登记管理机关(以下简称登记机关)申请探矿权、采矿权使用费的减缴或免缴。

第三条 在我国西部地区、国务院确定的边远贫困地区和海域从事符合下列条件的矿产资源勘查开采活动，可以依照本规定申请探矿权、采矿权使用费的减免：

（一）国家紧缺矿产资源的勘查、开发；

（二）大中型矿山企业为寻找接替资源申请的勘查、开发；

（三）运用新技术、新方法提高综合利用水平的(包括低品位、难选冶的矿产资源开发及老矿区尾矿利用)矿产资源开发；

（四）国务院地质矿产主管部门和财政部门认定的其他情况。

国家紧缺矿产资源由国土资源部确定并发布。

第四条 探矿权、采矿权使用费的减免按以下幅度核准。

（一）探矿权使用费：第一个勘查年度可以免缴，第二至第三个勘查年度可以减缴50%，第四至第七个勘查年度可以减缴25%。

（二）采矿权使用费：矿山基建期和矿山投产第一年可以免缴，矿山投产第二至第三年可以减缴50%，第四至第七年可以减缴25%，矿山闭坑当年可以免缴。

第五条 探矿权、采矿权使用费的减免，实行两级核准制。

国务院地质矿产主管部门核准登记、颁发勘查许可证、采矿许可证的探矿权、采矿权使用费的减免，由国务院地质矿产主管部门负责核准，并报国务院财政部门备案。

省级地质矿产主管部门核准登记、颁发勘查许可证、采矿许可证和省级以下地质矿产主管部门核准登记颁发采矿许可证的探矿权、采矿权使用费的减免，由省级地质矿产主管部门负责核准。

省级地质矿产主管部门应将探矿权、采矿权使用费的核准文件报送上级登记管理机关和财政部门备案。

第六条　申请减免探矿权、采矿权使用费的矿业投资人，应在收到矿业权领证通知后的十日内填写探矿权、采矿权使用费减免申请书，按照本法第五条的管辖规定，报送矿业权登记管理机关核准，同时抄送同级财政部门。矿业权登记管理机关应在收到申请后的十日内作出是否减免的决定，并通知申请人。申请人凭批准减免文件办理缴费、登记和领取勘查、采矿许可证手续。

第七条　本办法颁发以前已收缴的探矿权、采矿权使用费不办理减免返还。

第八条　本办法原则适用于外商投资勘查、开采矿产资源。但是，国家另有规定的，从其规定。

第九条　在中华人民共和国领域及管辖的其他海域勘查、开采矿产资源遇有自然灾害等不可抗力因素的，在不可抗力期间可以申请探矿权、采矿权使用费减免。

第十条　本办法自发布之日起实施。

探矿权采矿权价款转增国家资本管理办法

第一条 为了鼓励矿产资源勘查开采，促进矿业和地质勘查行业的发展，维护国有资产权益，根据财政部、国土资源部《探矿权采矿权使用费和价款管理办法》（财综字〔1999〕74号）和《关于探矿权采矿权使用费和价款管理办法的补充通知》（财综字〔1999〕183号）的有关规定，制定本办法。

第二条 国有矿业企业和地勘单位（以下简称"申请人"）勘查、开采矿产资源，在申请出让探矿权采矿权时，有下列情况之一的，可以申请将应缴的探矿权、采矿权价款部分或全部转增国家资本：

（一）勘查、开采国家紧缺矿产资源的；

（二）在国家确定的贫困地区和重点开发地区勘查、开采矿产资源的；

（三）大中型矿山企业因资源枯竭，勘查接替资源的；

（四）国有矿业企业经批准进行股份制改造或中外合资经营时，国有资本持有单位以探矿权、采矿权价款入股的；

（五）国有矿业企业因自然灾害等不可抗力的原因，导致缴纳探矿权、采矿权价款确有困难的。

上述国家紧缺矿产资源和国家重点开发区，由国土资源部确定并定期发布。

国有地勘单位转让国有出资勘查形成的探矿权，国家另有规定的，从其规定。

第三条 申请人转增国家资本的探矿权、采矿权价款，必须经有资格的中介机构进行评估，评估结果按规定报经国土资源部确认。

第四条 探矿权、采矿权价款转增国家资本，由申请人提出书面申请报告，并向财政部提交以下材料：

（一）探矿权、采矿权评估结果确认书；

（二）经有资格的会计师事务所审计的企业年度会计报表，或者经上级主管机关批复的事业单位年度会计报表；

（三）国有资产产权登记证（副本复印件）；

（四）申请人属于股份制企业或中外合资经营企业的，还应提交有关批准文件，以及董事会或股东大会批准转增国家资本的决议文件；

（五）财政部规定的其他资料。

第五条　探矿权、采矿权价款转增国家资本的申请，由财政部、国土资源部依据各自职责范围予以审核，联合发文批复，并同时通知原登记管理机关和申请人的国家资本持有单位。

第六条　直接持有国家资本的申请人收到财政部、国土资源部同意将探矿权、采矿权价款转增国家资本的批复后，应按规定在探矿权、采矿权权属手续办妥后增加国家资本，其中国有矿业企业增加国有资本金，中外合资经营企业增作中方资本项下的国有资本金，股份制企业增作国有股，事业单位增加国家基金。同时，及时办理国有资产变更登记。

不属于直接持有国家资本的申请人，其国家资本持有单位应当根据财政部、国土资源部的批复和申请人的有关资料增加国家资本和对申请人的长期投资，并办理国有资产变更登记。

第七条　申请人经批准以探矿权采矿权价款转增国家资本的，按照财务会计制度的有关规定管理。

第八条　各级财政部门、地质矿产行政主管部门要加强监督检查，严格执行探矿权、采矿权价款管理和本办法的有关规定。

第九条　中央财政、地方财政共同出资形成的探矿权、采矿权价款转增国家资本，按照探矿权、采矿权价款权属和本办法的规定报批。

第十条　地方财政出资勘查形成的探矿权、采矿权价款转增国家资本参照本办法的规定执行，具体办法由省级财政部门、地质矿产主管部门制定，并报财政部和国土资源部备案。

第十一条　本办法由财政部、国土资源部负责解释。

第十二条　本办法自发布之日起实施。

北京市探矿权采矿权出让价款缴纳办法

第一条 为规范探矿权、采矿权价款的缴纳，依据《北京市矿产资源管理条例》和财政部、国土资源部和中国人民银行《关于国土资源部征收的探矿权采矿权价款收入收缴管理有关事项的通知》（财办库〔2006〕394号）和财政部、国土资源部《关于深化探矿权采矿权有偿取得制度改革有关问题的通知》（财建〔2006〕694号）的有关规定，制定本办法。

第二条 申请勘查、开采矿产资源，凡由北京市国土资源局负责审批登记的，按照本办法的规定缴纳探矿权、采矿权价款。

申请勘查、开采矿产资源，凡由国土资源部负责审批登记的，按照国土资源部出具的缴款通知书办理。

第三条 申请勘查、开采矿产资源，必须经有资质的矿业权评估机构进行探矿权、采矿权价款评估，并由该评估机构出具评估报告书。

第四条 探矿权、采矿权出让价款经北京市国土资源局确认后，探矿权、采矿权申请人应一次性足额缴纳。

一次性缴纳探矿权、采矿权价款确有困难的，在收到北京市国土资源局矿业权价款确认书后的十个工作日内可以提出分期缴纳申请，说明理由并提交相关材料，经批准后分期缴纳。

（一）探矿权价款分期缴纳期限不超过两年。

1.探矿权价款总额在100万元及以下的，一次性缴纳。

2.探矿权价款总额在100万元以上的，可分两年缴纳，第一年缴纳数额不得少于100万元。

（二）采矿权价款分期缴纳期限不超过六年。

1.采矿权价款总额在100万元（含）以下的，一次性缴纳。

2．采矿权价款总额在100万元以上200万元（含）以下的，可分两年缴纳，第一年缴纳比例不低于总价款的60%且缴纳数额不得少于100万元。

3．采矿权价款总额在200万元以上400万元（含）以下的，可分三年缴纳，第一年缴纳比例不低于总价款的60%，剩余价款分两年平均缴纳。

4．采矿权价款总额在400万元以上600万元（含）以下的，可分四年缴纳，第一年缴纳比例不低于总价款的60%，剩余价款分三年平均缴纳。

5．采矿权价款总额在600万元以上800万元（含）以下的，可分五年缴纳，第一年缴纳比例不低于总价款的60%，剩余价款分四年平均缴纳。

6．采矿权价款总额在800万元以上的，可分六年缴纳，第一年缴纳比例不低于总价款的60%，剩余价款分五年平均缴纳。

第五条 北京市国土资源局在收到分期缴纳申请后，主管业务处室进行初审，提出初审意见，并报北京市国土资源局矿业权出让价款审核办公室审核。

第六条 北京市国土资源局矿业权出让价款审核办公室对申请材料和初审意见进行审核，提出审核意见，报局长办公会审定、批准。

第七条 探矿权、采矿权申请人须与北京市国土资源局签订探矿权、采矿权出让合同，并按照合同约定的期限足额缴纳探矿权、采矿权出让价款。

第八条 探矿权、采矿权申请人未按出让合同约定的期限缴纳探矿权、采矿权价款的，北京市国土资源局不予办理探矿权、采矿权登记和年检手续，并自滞纳之日起，每日按滞纳价款的2‰加收滞纳金。逾期缴纳超过六个月的，北京市国土资源局解除与其签订的出让合同，收回探矿权、采矿权，已交探矿权、采矿权价款不予退还。

第九条 本办法自发布之日起执行。此前有关规定与本办法不一致的，以本办法为准。

二〇〇七年七月三十日